D1672674

Mit Den Entitäten Sprechen

Sind Geister Real?

Shannon O'Hara

ACCESS
CONSCIOUSNESS®
PUBLISHING

Mit Den Entitäten Sprechen: Sind Geister Real?
Originaltitel: Talk to the Entities: Are Ghosts Real?
Copyright © 2010, 2012, 2013, 2014 Shannon O'Hara

Übersetzung: Corinna Kaebel
Bearbeiten der deutschen Ausgabe: Tanja Barth und Margit Krathwohl
Englisch Editorials: Jesper Nilsson and Dona Haber

Falls du Fragen zu diesem Buch hast oder Bestellungen aufgeben möchtest, besuche bitte die Webseite:
http://talktotheentities.com

ISBN 978-1-939261-77-9

Gedruckt von Access Consciousness Publishing, LLC

Danksagungen

Ein ganz großes Dankeschön an Kacie Crisp in Marin County dafür, dass sie mir dabei geholfen hat, dieses Projekt anzugehen. Wer weiß, wie lange es ohne sie gedauert hätte? Du bist eine großartige Frau und danke, danke, danke! Und auch an all jene, die dazu beigetragen haben, dass dieses Buch zu dem geworden ist, was es ist: Liam Phillips, Simone Phillips, Stella Janouris, Heidi Kirkpatrick, Jesper Nilsson, Ryan Gantz, Jason Stahl, Q-Mars Imandel, Rikka Zimmerman und Dona Haber. Ich danke euch allen, meine wundervollen Freunde, Ihr macht mein Leben und die Welt zu einem besseren Ort.

Und mein ganz besonderen Dank an Gary Douglas, der die Inspiration, die Werkzeuge und die Magie beisteuerte, die nicht nur dieses Buch, sondern auch ein Leben über diese Realität hinaus ermöglichten.

Danke und wie wird es noch besser?

Inhaltsübersicht

Vorwort

Da saß ich nun an einem Tisch im Regenwald in Costa Rica mit meiner Freundin Tonya und ihrer erst vor kurzem verstorbenen Schwester. Ja, ganz richtig, mit ihrer toten Schwester. Meine Freundin war sichtbar betrübt, aufgewühlt und vermisste ihre Zwillingsschwester ganz fürchterlich. Ich konnte sehen, wie Tonyas Schwester mit uns am Tisch saß. Sie war auf dem Stuhl direkt mir gegenüber, aber Tonya konnte ihre Schwester so wenig wahrnehmen wie klare Luft.

Oh Entschuldigung, erlaubt mir, mich vorzustellen: Mein Name ist Shannon O'Hara und ich sehe tote Menschen. Es gibt Menschen auf diesem Planeten, die Entitäten hören, sehen, mit ihnen sprechen und diese anerkennen. Ich gehöre dazu. Ich habe mein ganzes Leben lang mit Entitäten kommuniziert. In diesem Buch werde ich dir von jenen Zeiten berichten, in denen ich das wie einen Fluch empfand. Dann werde ich dir erzählen, wie ich lernte, diese Fähigkeit als das Geschenk anzuerkennen, das es ist, und von den Türen zur Veränderung und zum Bewusstsein, die diese Fähigkeit geöffnet hat.

Da war ich also mit Tonya und ihrer toten Schwester und versuchte, meine Freundin zu trösten und sie davon zu überzeugen, dass ihre Schwester nicht für immer verloren war. Sie saß direkt am selben Tisch mit uns und hielt ihre Hand. Obwohl meine Freundin das unbedingt glauben wollte, war der Gedankensprung doch zu groß für sie und ich erkannte, dass ich mit ihr etwas mehr arbeiten werden muss, um ihr zu helfen, dies zu erkennen. Wie sollte ich ihr eine Brücke von unserer Welt in die Welt der Geister bauen, in der ihre Schwester war? Würde Tonya diese Brücke überqueren, wenn ich sie errichtete?

Warum konnte ich den Geist von Tonyas Schwester sehen und Tonya selbst konnte dies nicht? Nun, dies wird wahrscheinlich eines der großen Rätsel des Universums bleiben. Warum sind einige Menschen gute Schwimmer und andere sind es nicht? Ich denke, manche haben einfach ein Talent zum Schwimmen. Ich bin einfach auf diese Welt gekommen mit einem Talent dafür, tote Menschen zu sehen (und viele andere seltsame Dinge – mehr dazu später). Ob es mir nun passt oder nicht, es ist so. Einige werden dies seltsam oder beängstigend oder faszinierend finden und für mich ist es das auch alles gewesen. Es gab Momente in meinem Leben, als ich entsetzt war über das, was ich sehen konnte. In anderen Momenten war ich zutiefst fasziniert und geehrt. Ich habe die letzten sieben Jahre damit verbracht, Menschen mit ihren verstorbenen Verwandten in Kontakt zu bringen und sie darüber und darin zu unterrichten, was Geister und Entitäten sind und wie sie selbst mit ihnen kommunizieren können.

Manchmal ist es einfach und manchmal kann es sehr schwierig sein, Menschen dabei zu helfen, ihre Ansichten über das Leben nach dem Tod zu ändern. Manche Menschen sind bereit, die Geistige Welt anzuerkennen, und andere streiten vehement ab, dass sie überhaupt existiert. Dies sind in der Regel nicht diejenigen, die zu mir kommen und mit mir sprechen, aus naheliegenden Gründen.

Tonya war da, um Frieden mit ihrer Schwester zu finden, in welcher Form auch immer. Als Tonya und ich uns weiter unterhielten, zeichnete sich für mich immer deutlicher ab, dass Tonya möglicherweise ein größeres Interesse daran haben könnte, an ihren Gefühlen der Traurigkeit, des Kummers und des Verlustes über den Tod ihrer Schwester festzuhalten als tatsächlich anzuerkennen und anzunehmen, dass das geistige Wesen, die unendliche Energie ihrer Schwester dort bei uns war, während wir sprachen. Hätte Tonya dies anerkannt, hätte das die Basis ihrer Realität in ihren Grundfesten erschüttert. Wenn sie anerkannt hätte, dass ihre Schwester ohne einen Körper anwesend war, welchen Einfluss hätte dies auf ihr Glaubenssystem gehabt? Wie hätte sich dies auf die Welt, wie sie sie wahrnahm, ausgewirkt?

Alles was ich tun konnte, war, das Medium zwischen Tonya und ihrer Schwester zu sein, die Mittelsperson zwischen dem Möglichen und dem "Unmöglichen".

Tonyas Schwester war klar und strahlend. Es war einfach, mit ihr zu kommunizieren; dies trifft nicht auf alle Entitäten zu. Sie hatte den Übergang gut und in vollem Bewusstsein hinter sich gebracht und tat sich jetzt mit mir zusammen, um ihrer Schwester dabei zu helfen, Frieden mit ihrem Hinscheiden zu schließen.

Ich fragte Tonya, was sie von dieser Sitzung erwarte und sie meinte, sie wolle nur wissen, dass es ihrer Schwester gut gehe. Ich habe dieses Konzept schon immer etwas paradox gefunden. Es sind die Menschen, die auf dieser Seite zurückgelassen werden, die leiden. Jenen auf der anderen Seite geht es meistens gut.

Tonyas Schwester sagte mir, sie sei direkt nach ihrem Ableben bei ihrer Schwester gewesen und es tue ihr so leid, dass ihre Schwester das durchmachen müsse. Sie wollte außerdem, dass ich Tonya sage, sie würde so lange bei ihr bleiben, bis es Tonya besser gehe und sie bereit sei, weiter zu gehen. Ich musste mich daran erinnern, dass ich nur die Botin war. Ich konnte Tonya nicht dazu bringen, die liebende Präsenz ihrer Schwester wahrzunehmen. Ich konnte sie nicht dazu bringen anzuerkennen, dass ihre Schwester ihre Hand hielt. Ich konnte nur die Tür öffnen; ich konnte sie nicht hindurch schieben. Dies ist manchmal der frustrierendste Aspekt davon, ein Medium zu sein. Ich wäre so gerne in der Lage, anderen Menschen die Klarheit zu geben, die ich mit Geistwesen habe, damit sie die ihnen nahestehenden Menschen, die hinüber gegangen sind, immer noch sehen und mit ihnen sprechen können. Dies wäre ein Heilmittel für den Schmerz, den Menschen empfinden, wenn die Menschen, die sie lieben, sterben.

Aber dann muss ich mich auch daran erinnern, wie ich damit gekämpft habe anzuerkennen, dass Geister real sind. Ja, auch ich habe Jahre damit verbracht, es zu leugnen und zu übertönen. Mehr dazu später.

Ich suchte nach einer Möglichkeit, Tonya mit ihrer Schwester zu verbinden, damit sie mit ihr kommunizieren konnte, wenn ich nicht dabei war. Es ist mir sehr wichtig, den Leuten Werkzeuge und Verfahren an die Hand zu geben, damit sie es selbst tun können. Ich glaube, dass jeder das tun kann, was ich tue.

Ich erzählte Tonya immer wieder, ihrer Schwester gehe es gut, letztendlich sogar besser als Tonya selbst.

Monate später sprach ich wieder mit Tonya und sie gab mir ein interessantes Feedback. Sie meinte, sie hätte mich während der Sitzung dafür gehasst, dass ich sagte, ihre Schwester wäre da und sie wäre einfach nicht dazu bereit gewesen, dies zu sehen. Sie sagte, mit der Zeit wäre sie in der Lage gewesen zu erkennen, dass ihre Schwester wirklich da war, genau wie ich es gesagt hatte. Sie begann, die Zeichen um sie herum wahrzunehmen. Tonya begann zu erkennen, dass ihre Emotionen und Gefühle verhinderten, dass ihre Schwester leicht zu ihr durchdringen konnte. Tonyas Emotionen blockierten sie auf eine gewisse Weise, so dass sie nichts wahrnehmen oder annehmen konnte, das nicht ihren Emotionen oder Gefühlen entsprach oder diese bestätigt hätte. Wenn Tonya ihrer Schwester erlaubt hätte, immer noch in ihrem Leben anwesend zu sein, wenn auch ohne Körper, hätte sie dann noch so sehr an ihrem Kummer und ihrer Trauer festhalten können?

Tonya erkannte, dass sie nicht an ihrer Traurigkeit festhalten konnte, während der Geist ihrer Schwester tatsächlich an ihrer Seite war. Sie begann zu erkennen, dass sie mit ihrer Schwester kommunizieren konnte, nicht wie früher mit Worten und Gesten, sondern durch Energie und Bewusstsein. Tonya begann schließlich zu erkennen, wie es war, wenn ihre Schwester mit ihr kommunizierte. Sie begann, die Empfindungen und Ahnungen davon zu erkennen, wie sich das anfühlte. Und langsam, mit der Hilfe ihrer Schwester, begann Tonya zu verändern, wie sie die Dinge sah. Damit verwandelte sich die Verzweiflung, die sie über den Tod ihrer Schwester empfand, in eine Möglichkeit für eine andere Welt und ein anderes Sein. Kein Witz, das Unmögliche wurde möglich — und was ist sonst noch alles möglich?

Teil Eins

Am Anfang…

"Unsere größte Angst ist es nicht, unzulänglich zu sein.

Unsere größte Angst ist, dass wir über alle Maßen mächtig sind.

Es ist unser Licht, nicht unsere Dunkelheit, das wir fürchten."

~ Marianne Williamson ~

Kinder haben den Schlüssel
in der Hand

Kennst du diese Babys, die immer etwas anstarren, obwohl man nichts sieht, und auf etwas zeigen, ohne dass man etwas sieht? Ich war eines von diesen Babys.

Meine Mutter hat immer erzählt, dass, als ich noch ein kleines Baby war, ich in meiner Wiege kichernd und in Babysprache brabbelnd auf dem Rücken gelegen und mit den Händen nach etwas gegriffen habe, das sie nicht sehen konnte. Ich starrte den Bereich um den Kopf anderer Menschen so intensiv an, dass sie sich fragten, ob neben oder hinter ihnen etwas wäre. Sie drehten sich um, um nachzuschauen, konnten aber nichts sehen. Ich hingegen sehr wohl, ich sah die Entitäten und Energiefelder um sie herum.

Wo ist dieser feine Grat, den wir als Kinder überschreiten? Wann geben wir das Sehen zugunsten des Nichtwissens und Nichtsehens auf?

Da waren Raster und Linien in der Luft, die sich wellenförmig bewegten und vor Energie brodelten, alles pulsierte voller Elektrizität und Farbe. Es dauerte bis ich zehn oder elf war, bevor ich erkannte, dass andere Menschen nicht sahen und erlebten, was ich erlebte, zumindest nicht soweit sie es zugaben.

Als Kind wusste ich nicht, was Telepathie ist, aber ich hörte andere Leute auf jeden Fall eine Menge denken. Es ist seltsam, wenn man fünf verschiedene Unterhaltungen hören kann, die aus dem Kopf von jemandem kommen. Eine Unterhaltung kommt aus ihrem Mund und die anderen vier von sonst irgendwoher. Es ist wirklich interessant zu sehen, wie viele unterschiedliche Standpunkte eine Person zu einem bestimmten Zeitpunkt haben kann. Es war, als würden sie all ihre Leben, vergangene, gegenwärtige und zukünftige, auf einmal wahrnehmen. Ich konnte sie direkt vor mir in der Gegenwart stehen sehen und gleichzeitig in einem Bereich wahrnehmen, der ein anderes Leben oder eine andere Dimension darstellte, so wie ich dies im Laufe der Zeit erkannte. Manchmal stand jemand vor mir und ich konnte beobachten, wie er oder sie sich in alle möglichen unterschiedlichen Dinge verwandelte.

Sie behielten zwar das Erscheinungsbild der Person im Hier und Jetzt bei, jedoch sah es so aus, als ob sie mit verschiedenen Dingen überlagert würden. In einem Moment standen sie da, im nächsten Moment jemand anders und im nächsten Moment waren sie wieder zurück. Ich mach hier keine Witze, ich dachte, das wäre, was alle sehen.

Ich konnte wirklich nicht verstehen, warum die Leute, wenn ich versuchte, mit ihnen darüber zu sprechen, mich anschauten, als ob ich eine Verrückte oder eine Aussätzige wäre. Mit der Zeit habe ich festgestellt, dass es mit den meisten Menschen nicht sicher war, hierüber zu reden. Also hörte ich einfach auf, darüber zu sprechen und schließlich hörte ich auch auf, dies zu sehen und wahrzunehmen, denn wenn andere dachten, das sei verrückt, konnte doch mit mir etwas nicht stimmen, oder?

Ich konnte das "Schlechte" sehen, das manche Menschen begangen hatten, ganz gleich, ob sie in diesem Leben schlechte Dinge angestellt haben oder nicht. Ich konnte sehen, was sie getan hatten oder was sie tun würden, ganz gleich, ob es ihnen bewusst war oder nicht. Ich konnte auch feststellen, ob jemand leicht und freundlich war und ich konnte sowohl das Licht als auch den Schatten erkennen, das Schwere wie das Leichte, das sich in jemandem abspielte.

Dank meines Stiefvaters wurde mir schließlich klar, dass ich sie in all ihren unterschiedlichen Inkarnationen sah. Er hatte jede Menge praktische Werkzeuge, um Dinge, die keinen Sinn machten, verständlich zu machen.

Ich beantwortete ständig Fragen, die sich andere Menschen in Gedanken stellten. Ich schlug haushoch meinen Bruder, wenn wir mit unserem Papa während langer Autofahrten übersinnliche Übungsspiele spielten. Ganz genau, anstatt "Ich sehe was, was du nicht siehst" zu spielen, dachte mein Stiefvater an eine Farbe oder einen Ort oder eine Form und wir übten die Information medial zu empfangen und zu übermitteln. Ich dachte, dass allen Kindern beigebracht wird, Bilder und Informationen aus den Köpfen anderer Leute "heraus zu ziehen". Man hat mir nie gesagt, dass dies unmöglich oder falsch sei; im Gegenteil, ich wurde ermutigt, das zu entwickeln.

Richtig schwierig wurde es später, als ich ein Teenager war, der versuchte sich anzupassen, aber als Kind war ich die pure Leichtigkeit und Magie. Ich habe das noch nicht mal als Magie wahrgenommen. Das war einfach die wunderbare Welt, in der ich lebte. Kinder haben es so gut!

Immer, wenn meine Mama dachte, wie sehr sie mich liebte, antwortete ich laut: "Ich liebe dich auch, Mama!". Sie hat sich darüber immer kaputtgelacht.

Auralesen bevor man Bücher liest

Als Kind denkt man nie, dass man seltsam oder außergewöhnlich ist. Erst wenn man älter wird, fängt man an, sich darüber Gedanken zu machen, wie man auf den Rest der Welt wirkt. Kinder sind zu so vielen großartigen Dinge fähig, die Erwachsene schon längst vergessen oder irgendwo vergraben haben, um diese niemals mehr zu sehen.

Eines Tages, als ich sechs Jahre alt war, fand ich ein interessantes Buch in der Bibliothek meiner Eltern. Darin waren schöne Bilder von Körpern mit Farben umgeben. Ich war fasziniert. Meine Mutter sagte mir, der Titel des Buches, den ich noch nicht lesen konnte, lautete: *Hände des Lichts. Eine Einführung in das Heilen über das menschliche Energiefeld (Hands of Light: A Guide to Healing Through the Human Energy Field).* Auren sind Felder aus feinstofflichen, leuchtenden Energien, die eine Person oder eine Sache umgeben. Man sieht sie häufig in religiösen Darstellungen als Heiligenschein, der den Kopf eines Heiligen oder eines Engels umgibt. Ich schnappte mir das Buch gierig und sprang auf das Bett meiner Eltern, um es zu studieren. Ich zeigte auf das Bild einer Frau, die von einem leuchtenden Magentalicht umgeben war und sagte meiner Mutter, dies sehe genau wie sie aus. Meine Mutter erklärte mir, die Bildunterschrift laute: "Eine Frau, die gerade erfahren hat, dass eine von ihr geliebte Person gestorben ist". Der Vater meiner Mutter war gerade einige Tage zuvor verstorben.

Ich zeigte auf ein anderes Bild, diesmal einen Mann, der von einer schleimig-gelben Farbe umgeben war. Ich sagte meiner Mutter, dieses sehe wie mein Bruder Adam aus. Hier lautete der Bildtitel: "Jemand der gerade Kokain geschnupft hat". Adam machte zu diesem Zeitpunkt einen Drogenentzug nach dem anderen.

Da erkannten meine Mutter und mein Stiefvater Gary, dass ich Auren sah. Ihre Freunde baten mich, ihnen die Farbe ihrer Aura zu nennen und ihnen Bilder zu malen. Ich hatte einen Heidenspaß. Ich war wohlgemerkt gerade erst mal sechs Jahre alt.

Ich konnte an den Farben um ihre Köpfe und Hände erkennen, wenn meine Mutter wütend nach Hause kam oder wenn sich Gary Sorgen über Geld machte. Die Farben um Menschen herum ändern sich mit ihrer Stimmung.

Ich selbst hatte keine eigenen Zuordnungen oder Bedeutungen, um zu definieren, was die Farben, die ich sah, über die Person aussagten. Ich wusste einfach, wie sie sich fühlten, indem ich ihre Gefühle fühlte, während ich beobachtete, wie sich die Farben und Energien um sie herum veränderten und bewegten, wenn sie verschiedene Dinge dachten oder fühlten.

Manchmal konnte ich, wegen der intensiven paranormalen Aktivität, die ich wahrnahm, kaum einschlafen. Meine Mutter bat mich dann, ihr etwas über ihre Aura zu erzählen, während wir kuschelten. Da ich ihre Aura in einem abgedunkelten Zimmer besser sehen konnte, konnte ich die Dunkelheit dann besser ertragen. Wenn ich so mit meiner Mutter zusammen war, half mir das dabei, mich zu entspannen und ich schlief ruhig ein. (Bis ich vierzehn war, schlief ich im Bett meiner Eltern oder auf dem Boden in ihrem Schlafzimmer, wenn sie es mir erlaubten. Hatten sie nicht Glück?)

Übernatürlich aufwachsen

Wusstest du, dass die ursprüngliche Definition des englischen Wortes für "seltsam" *(weird = seltsam, merkwürdig, eigenartig, übernatürlich)* "von Geist, Schicksal oder Geschick, teilhabend am Übernatürlichen" heißt? Wenn man also sagt, etwas sei "seltsam" (im Sinne von *weird*), sagt man, es sei "von Geist, Schicksal oder Geschick". Ist das nicht seltsam?

Ich wurde in Los Angeles, Kalifornien an einem glühend heißen Tag Anfang Oktober 1979 geboren. Dieser Sommer war so heiß, dass jedes Gelenk im Körper meiner Mutter während der Schwangerschaft auf die doppelte Größe anschwoll. Ah, das Wunder der Geburt! Ich kam ganz ohne irgendwelche Medikamente zur Welt, dank des starken Willens meiner Mutter. Ich finde das großartig und denke, da habe ich großes Glück gehabt.

Meine Mutter war das älteste von vier Kindern, die gemäß der Tradition irisch-amerikanischer Immigranten erzogen wurde. Ihre Erziehung im Nordosten von Pennsylvania war zutiefst von Religion und Alkohol geprägt. Als Widder hatte sie ein hitziges Temperament und einen sehr starken Geist. Sie bekam meinen älteren Bruder Adam, als sie zwanzig war, unverheiratet und ohne Unterstützung. Auf der Suche nach etwas Besserem sagte man ihr, dass da draußen im Westen alles möglich sei, wenn man nur entschlossen sei, es geschehen zu lassen. Also machte sie sich in den frühen siebziger Jahren mit ihrem Erstgeborenen auf den Weg — meinem ältesten Bruder. Sie schaffte den Weg nach Südkalifornien mit nur einigen Dollar in der Tasche und einem kleinen Jungen auf der Hüfte. Sie fand ihr Mekka, wie sie es später nennen würde, im warmen Wetter und dem progressiveren, liberalen Umfeld von Los Angeles. Langsam bekam meine Mutter ihren Fuß in die Tür der Filmindustrie und arbeitete sich als Agentin für die schicken und glamourösen Persönlichkeiten der Starmaschinerie hoch.

In dieser Zeit traf sie meinen biologischen Vater. Mein Vater war ein moderner Wanderjude. Er war von jüdisch, litauisch-polnischen Immigranten in den herrlichen Ghettos von London in England großgezogen worden. Da er London als junger Mann überhaupt nicht mochte, floh er im Alter von 18 Jahren zur israelischen Armee und entkam so dem fürchterlichen Wetter in England und einem Leben als jugendlicher Fabrikarbeiter. Mit seiner mystischen Veranlagung und seiner etwas einsiedlerischen Natur, war ihm die offene Weite der Sinai-Wüste nach der Armut, den beengten Lebensbedingungen und dem Kummer Londons eine willkommene Abwechslung.

Und wie es der Zufall wollte, fand er sich nach einer Auszeit in London in einem Flugzeug nach New York City wieder, mit einem 20-Dollar-Ticket, das er sich von der Pinnwand in einem Pub geschnappt hatte. Er kam 1977 nach Los Angeles, nachdem er die Kunstszene in New York und alles dazwischen ausgetestet hatte. Bald darauf traf er meine Mutter. Sie bekamen mich 1979, ohne je zu heiraten. Sie waren eines von vielen südkalifornischen Pärchen, die ihr Leben spontan erfanden. Sie versuchten, eine gute Beziehung zu führen, aber es sollte wohl nicht sein. Einige Jahre, nachdem ich geboren wurde, trennten sie sich im Guten und sind bis heute Freunde geblieben.

Stiefpapa

Als ich vier Jahre alt war, traf meine Mutter Gary, einen umwerfend attraktiven Mann, der mein Stiefvater wurde. Er erzog mich gemeinsam mit meiner Mutter und gab mir dabei etwas, das viel mehr wert ist als alles Gold der Welt: *Bewusstsein*.

Gary zog 1986 aufgrund eines Jobangebots von San Diego in Kalifornien in den ruhigen Strandort Santa Barbara. Santa Barbara verfügt über eine einzigartige, fast unvergleichliche Schönheit mit malerischen Bergen, die stufenförmig in den pazifischen Ozean abfallen. Man kann in einem Bergbach schwimmen und innerhalb von 20 Minuten in den Ozean eintauchen, in den dieses Bächlein mündet. Gary war eine Art Renaissancemensch, der sich auf fast alles, was man sich vorstellen kann, spezialisierte. Für meine Mutter und mich war er ein strahlender Ritter.

Als ich fünf Jahre alt war, zogen meine Mutter, mein Bruder Adam und ich mit unserer kleinen Familie von Los Angeles hoch nach Santa Barbara, um mit Gary und meinem neuen Stiefbruder Sky zusammen zu leben.

Gary und meine Mutter beschäftigten sich mit "übernatürlichen" Dingen. Sky und ich wurden in eine Vielzahl von ganz vielfältigen Dingen eingeweiht. Für jene von euch, die nicht wissen, was Channeln ist: Das ist, wenn eine Person ihren Körper verlässt und ein anderer Geist in diesen hinein tritt und spricht. Meine Eltern hatten wirklich eine Vorliebe für Channel. Und es war überhaupt nichts Ungewöhnliches, an einem Donnerstag Nachmittag von der Schule nach Hause zu kommen und zehn bis zwanzig weiß gekleidete Erwachsene auf dem Fußboden im Wohnzimmer liegend vorzufinden, während irgendein Mystiker oder Zauberdoktor irgendetwas sang und mit seinen Händen herum wedelte. Meine Mutter empfahl mir, das Tarot zu Rate zu ziehen, wenn ich ein Problem mit einem Jungen oder in der Schule hatte. Ich weiß nicht, ob ich naiv war, aber ich glaubte, es sei bei allen zu Hause so.

Meine Mama und mein Stiefpapa waren weder Hippies noch Spinner. Sie gingen ganz normalen Jobs nach und versorgten uns Kids mit den schicksten Klamotten unserer Wahl, Klavier- und Tanzunterricht, Fußball und worin auch immer wir Unterricht haben wollten. Sie hatten einfach eine andere Sicht auf die Welt.

Wenn ich mich über etwas oder jemanden beklagte, erklärte meine Mutter in einem fort, dies müsse ein Problem aus einem vergangenen Leben sein.

Bis wir älter wurden, wären Sky und ich nie auf die Idee gekommen, dass die Sachen, mit denen sich unsere Eltern beschäftigten, in irgendeiner Weise ungewöhnlich waren. Während die meisten unserer Freunde am Sonntag Vormittag in die Kirche gebracht wurden, liefen Sky und ich auf dem Rasen herum, während unsere Eltern drinnen saßen und einem toten Typ zuhörten, der durch eine blonde Dame sprach. Ich musste meine Mutter beknien, damit sie mich mit meiner kleinen Mormonenfreundin zur Kirche gehen ließ. Ich aß so gerne die Plätzchen, die nach dem Gottesdienst angeboten wurden.

Wenn wir am Sonntag morgens bei unseren Eltern waren, durften wir im Zimmer bleiben, während die Vorträge im Gange waren oder einfach draußen herum laufen. Ich erinnere mich vor allem daran, wie friedlich es im Zimmer war, während meine

Eltern an diesen Ereignissen teilnahmen, so als ob die Luft im Raum mit etwas Greifbarem, aber nicht Sichtbarem erfüllt gewesen war. Es war so, als ob man die Bäume in einem Wald alle singen hörte, nicht die Blätter der Bäume, wie sie im Wind wehen, sondern die Frequenzen der Bäume selbst. Es war zugleich sehr präsent und dennoch kaum wahrnehmbar. Alle Teilnehmer bei diesen Treffen leuchteten in einem sanften Licht, besonders diejenigen, die vorne sprachen; sie strahlten geradezu.

Gary und die Geister

Gary begann mit dem Channeln, als ich sieben war. Nachdem Gary selbst bei vielen Channeln gewesen war und da er selbst ein abenteuerlustiger Typ ist, sagte er sich: "Das würde ich gerne machen". Und nach kurzer Zeit tat er es auch. Er begann damit, drei verschiedene Wesen zu channeln. Da waren Bruder George, ein fröhlicher dicker Ordensbruder, ein chinesischer Mann namens Dr. Lee und Rasputin, der verrückte Mönch aus Moskau.

Rasputin war das einzige von Garys gechannelten Wesen, das eine bekannte geschichtliche Figur war. Rasputin lebte um die Jahrhundertwende des 20. Jahrhunderts in Russland und galt als ein Heiler, Mystiker und Prophet. Er wurde dadurch berühmt, dass er die einzige Person war, die in der Lage war, Alexej, den jungen Sohn des Zaren und der Zarin, zu heilen, der an der Bluterkrankheit litt. Bevor er von Rasputin geheilt wurde, litt Alexej sehr stark und wäre dabei mehrmals beinahe gestorben. Aufgrund seiner ausgefallenen Persönlichkeit wurde Rasputin mit Misstrauen empfangen und beurteilt, wenn er in seiner verwahrlosten Erscheinung und seinen Bauernmanieren auftrat. Dennoch konnte niemand seine Fähigkeiten abstreiten, als der Junge immer wieder wie auf magische Weise von seinem Krankenbett aufstand.

Wenn Rasputin, den wir liebevoll Raz nannten, in Garys Körper eintrat, sprach er entweder Russisch oder Englisch mit einem starken russischen Akzent. Gary selbst konnte kein einziges Wort

Russisch, außer Rubel und Stolichnaya. Diese Art ungewöhnlicher Phänomene ist es, die Channeln nicht nur zu einem Riesenspaß und aufregend macht, sondern auch zu einer Startrampe, um soviel von dem zu erkunden, was von den Mysterien des Universums unbekannt ist und wozu Menschen fähig sind.

Wenn Gary channelte, nahm sein Körper die physischen Merkmale dieser verschiedenen Entitäten an. Wenn Bruder George kam, schien es, als ob Garys Körper auf das vierfache seiner ursprünglichen Größe anschwoll und wenn er Dr. Lee channelte, wurden seine Augen schräg stehend und er wurde schlank und klein wie ein älterer asiatischer Mann. Ich denke mir das nicht aus; sein Aussehen veränderte sich tatsächlich.

Diese Abendsitzungen, zu denen ich bis über meine Schlafenszeit hinaus aufbleiben durfte, machten mir einen Riesenspaß. Ich liebte Dr. Lee. Er brachte den Raum immer zum Funkeln und brachte mich zum Kichern, so als ob ich überall gekitzelt würde. Bruder George war ausgelassen, laut und wenn ich gerade im Bett schlief, während er ins Haus kam, wurde ich von seinem vergnügten Glucksen wach. Raz war wie eine Vaterfigur für mich und ich fühlte mich immer vollkommen geliebt, wenn er da war. Ich nahm ihn in den folgenden Jahren als meinen persönlichen Heiligen an. Immer wenn ich aufgeregt oder verängstigt war, bat ich ihn energetisch darum, auf mich aufzupassen oder mir zu helfen. Es scheint seltsam für ein junges Mädchen zu sein, einen vor langer Zeit verstorbenen russischen Mann um Hilfe zu bitten, der ein berüchtigter Frauenheld und Alkoholiker war, aber ich sah ihn nicht so. Ich kannte ihn als eine vollkommen andere Energie.

Rasputin war der mächtigste aller Geister, die Gary channelte, und er war derjenige, der auch dann noch blieb, als die anderen gegangen waren. Rasputin war zu seinen Lebzeiten ein erstaunlicher Heiler gewesen und als Geist kam er während unserer Lebzeiten durch, um vielen von uns dabei zu helfen, sehr viel mehr Frieden und Bewusstsein zu erlangen.

Versteck spielen

Mein neuer Stiefbruder Sky und ich waren beide 1979 geboren. Als Kinder hatten wir dieselbe Größe, dasselbe Gewicht und sahen eigentlich fast gleich aus. Wir hätten uns nicht ähnlicher sehen können, wären wir blutsverwandt gewesen. Wir wurden beste Freunde, die einander ständig gegenseitig bekämpften. Wenn wir nicht gerade damit beschäftigt waren, einander die Seele aus dem Leib zu prügeln, waren wir in der Garage oder im Garten und entwarfen Geschäftspläne, um mit Dosensammeln zum Recyclen oder dem Verkaufen von Rosenblüten der Rosenbüsche unserer Nachbarn Tausende von Dollar zu verdienen.

Eines herrlichen, sonnigen Tages nahm Gary Sky und mich mit nach Summerland, einen Nachbarort, in dem er geschäftlich zu tun hatte. Als wir entlang der Küste in Richtung Süden fuhren, funkelte die Sonne auf dem Ozean, den großen altmodischen Häusern, den Restaurants und Antiquitätenläden, die sich an die Hügel schmiegten. Gary hielt vor einem großen weißen Holzhaus, das ein Antiquitätengeschäft war.

Sky und ich hatten nicht nur unser Geburtsjahr gemeinsam, wir hatten auch beide eine eindeutige Vorliebe dafür, draußen zu sein und herum zu laufen, anstatt drinnen zu warten, während die Erwachsenen ihre Sachen erledigten. Ich bin sicher, dass Gary uns auch lieber draußen hatte, damit er seine Geschäfte abwickeln konnte, ohne von einer Horde wilder Indianer unterbrochen zu werden.

Die Schönheit der Antiquitäten im Laden entging uns vollkommen. Von außen war das Haus hingegen von großen schattigen Bäumen, Buschwerk und ausgewählten Antiquitäten umgeben, die im Garten ausgestellt waren.

Sky und ich fingen an, Versteck zu spielen. Nun, so viel Spaß es Sky ganz bestimmt gemacht hat, war es wirklich ein unfaires Spiel. Ich hatte Verbündete, die für mich absolut sichtbar und real waren, aber unsichtbar für Sky, der nichts davon ahnte. Wenn Sky mit Verstecken dran war, musste ich nur zum Fenster im zweiten Stock des Antiquitätenladens hoch schauen, um ihn zu finden, wo ein Mann mit einer afrikanischen Maske erschien. Ich konnte den Körper des Mannes eigentlich nicht sehen, aber die Maske war da und sprach zu mir. Für mich war dieses Wesen mit der Maske so wie für andere ein Baum. Man weiß, dass der Baum da ist, aber man fängt nicht an, sich mit ihm zu unterhalten, wie man es mit einer anderen Person tun würde. Meistens weiß man, wo der Baum ist, aber die meisten Leute sind sich nicht bewusst, dass der Baum irgendetwas sagt. Ich hingegen hörte die Stimme des Baumes, nicht in Worten, sondern als Energie. Das Wesen, das im Fenster des zweiten Stocks stand, sprach mich nicht direkt an, brachte jedoch seine Stimme in mein Bewusstsein. Es war so, als ob ich eine Vorstellung oder ein Gefühl bekam.

Ich schien augenblicklich zu wissen, dass der Mann mit der Maske mit uns spielte, natürlich ohne dass Sky davon wusste. Mein Geisterfreund zeigte mir die Richtung, in die Sky verschwunden war, um sich zu verstecken. Ich musste noch nicht mal im Blickfeld des Mannes im Fenster sein, um die Informationen zu bekommen, die ich benötigte. Sobald ich aus dem Blick des Fensters geriet, musste ich den Mann nur fragen, wo Sky sich versteckte und er sagte es mir. Ich hörte dann eine Stimme in meinem Kopf, die sagte:

"Hinter dem Busch" oder "Im Schuppen". Ich fand Sky immer innerhalb weniger Momente. Er brauchte immer sehr viel länger, um mich zu finden. Irgendwie glaube ich, dass Sky niemals auch nur eine Ahnung davon hatte, womit er es zu tun hatte, wenn er dieses Spiel mit mir spielte.

Das flügellose Flugzeug

Dies ist keine Geschichte über Entitäten, sondern darüber, Dinge außerhalb dieser Realität wahrzunehmen. Wenn man die Tür für die Entitäten öffnet, öffnet man sich auch dafür, alle möglichen außergewöhnlichen Dinge wahrzunehmen. Außerirdische und ihre Raumschiffe können dazu gehören. Ich glaube an alle möglichen Arten von Leben jenseits des normalen Status Quo.

Die Schule und ich kamen nicht allzu gut miteinander aus. Meine armen Lehrer hatten alle Mühe damit, mich dazu zu bringen aufzuhören zu quatschen, überall herum zu rennen und während des Unterrichts mit den Jungs zu flirten.

Ich hatte und habe, was die Ärzte als stark ausgeprägtes ADS (Aufmerksamkeitsdefizitsyndrom) ansehen könnten. Ritalin wurde damals noch nicht so häufig für Kinder verschrieben, aber meine Grundschule versuchte meine Eltern davon zu überzeugen, mich das nehmen zu lassen. Meine Eltern weigerten sich. Schließlich war es kein Mangel an Aufmerksamkeit, ich hatte einfach nur Zugang zu einer riesigen Menge an Energie. Es wäre für mich viel passender gewesen, den ganzen Tag lang Berge rauf und runter zu laufen, als drinnen an einem Schreibtisch zu sitzen.

Ein Lehrer in der fünften Klasse ging tatsächlich so weit, mich an einem kleinen Einzeltisch sitzen zu lassen, weil ich so viel redete und die anderen Schüler ablenkte. Die anderen Kinder saßen in kleinen Sechsergruppen und ich saß in einer kleinen Einzelgruppe. Diese Taktik funktionierte allerdings nicht, ich sprach einfach lauter, damit man mich an den anderen Tischen hören konnte. Armer Lehrer.

Eines Tages in der dritten Klasse genoss ich gerade mein Lieblingsfach (abgesehen von der Pause), den guten alten Sportunterricht. Wir waren draußen auf dem Schulhof, einer großen asphaltierten Fläche vor den Gebäuden mit den Klassenräumen. Wir spielten Kickball und meine Position war auf dem dritten Sockel, die ich liebte, weil ich mit meinen Freunden herum albern und so laut und aktiv sein konnte, wie ich wollte.

Während ich auf dem dritten Sockel herum tanzte und herum stolzierte, schaute ich mich um und sah mich plötzlich dem größten Flugzeug gegenüber, das ich jemals gesehen hatte. Es war mindestens so groß wie der gesamte Schulhof von einem Ende zum andern — wahrscheinlich eine viertel Meile. Das ganze Ding war silbern, es hatte keine Tragflächen, keine Fenster und es flog ganz dicht über dem Boden. Es sah aus wie eine riesige Zigarre.

Ich war total fasziniert davon. Während ich zusah, schien es, die Geräusche von allem um mich herum zu absorbieren. Obwohl ich meine Klassenkameraden immer noch sehen konnte, konnte ich sie nicht mehr hören. Die Energie, die dieses Ding ausstrahlte, war spürbar und dicht. Ich merkte auch, dass niemand außer mir, diesen großen Besucher über unserem Schulhof zu sehen schien.

Ich fing an zu zeigen, zu springen und zu rufen, damit alle anderen hinschauen würden. Aber niemand schien mich zu hören oder meine Aufregung wahrzunehmen. Ich rief so laut, dass ich fast einen Herzinfarkt bekam, aber immer noch hörte mich niemand. Niemand sonst war sich dieser fliegenden Zigarre bewusst und bald darauf verschwand sie so schnell, wie sie gekommen war. Wenn ich mich jetzt daran zurück erinnere, wird mir klar: Ich sah ein Ufo. Das war nicht das erste Mal, dass ich ein Ufo sah und es sollte auch nicht das letzte Mal sein.

Ich habe keine Ahnung, was es da tat oder warum ich die Einzige war, die es wahrzunehmen schien. Ganz offensichtlich hat es uns ausgecheckt, aber ich wünschte mir, ich hätte mehr Bewusstsein darüber haben können, damit ich mit ihnen auf eine Weise hätte kommunizieren können, an die ich mich erinnern konnte.

Scheinbar ereignen sich diese Art von Vorfälle eher bei Kindern als bei Erwachsenen. Ich bin mir nicht sicher, warum das so ist, aber letztendlich denke ich, wir sehen nur, was wir uns erlauben zu sehen. Wie aber wird bestimmt, was wir uns erlauben zu sehen?

Jahre später, als ich dreizehn war, las ich ein Buch über das fortgeschrittene Bewusstsein und die Intelligenz von Außerirdischen. Monatelang ließ ich die glasgetäfelten Türen von meinem Schlafzimmer offen, in der Hoffnung, sie würden kommen und mich von all der Traurigkeit und dem Schmerz in dieser Welt fortholen. Leider kamen sie nie, zumindest nicht dass ich wüsste.

Das gute alte England

Als ich acht Jahre alt war, dachte sich mein biologischer Vater, es sei eine gute Idee, mich mit nach London zu nehmen, um seine Mutter und Schwestern zu treffen. Zumindest denke ich, dass dies so war. Entweder das oder meine Mutter brachte ihn dazu. Ich hatte die Familie meines biologischen Vaters bis dahin nicht kennen gelernt.

Seit er Mitte der siebziger Jahre aus England fortgegangen war, war er nicht mehr dort gewesen. Er spürte keine bis gar keine Verbundenheit zu seinem Geburtsort. Er sprach offen darüber, dass er das Wetter in England verabscheute und er schien, über die Kultur, aus der er kam, erschüttert zu sein. So kehrte er also zwanzig Jahre, nachdem er gegangen war, mit einer jungen Tochter zurück.

Wir übernachteten bei meiner neuen Großmutter in Hendon, im Norden von London. Sie lebte in einem der Sozialwohnungsgebäude, Reihe an Reihe identisch aussehender vier- und fünfstöckiger Backsteinhäuser. Es wäre nicht allzu weit hergeholt zu sagen, dass diese Gebäude deprimierend, verwittert und von dem Klima gebeutelt waren, für das England so berühmt ist und von einem Haufen extrem unglücklicher Leute bewohnt wurden.

Ich verbrachte meine Tage damit, mir Tanznummern in dem engen Hausflur der Wohnung meiner Großmutter auszudenken, die steile Treppe rauf und runter zu rennen und dabei auszuprobieren, wie viele Stufen ich auf einmal herunter springen konnte,

und unten auf dem Betonhof zu spielen, der eher wie ein Ort aussah, an dem jeder seine Freude und Hoffnung aufgab, und zum
Sterben da ließ. Mir machte das nichts aus; ich war acht und hatte
ausgeprägtes ADS (Aufmerksamkeitsdefizitsyndrom), ich hätte
mir sogar ein konstruktives und spaßiges Spiel mit Stacheldraht
ausdenken können.

In der Gegend, in der meine Großmutter lebte, gab es auch
eine alte normannische Kirche mit einem Friedhof, der bis auf das
elfte Jahrhundert zurück ging. Da ich aus Kalifornien kam, hatte
ich noch nie etwas so Altes gesehen. Er beunruhigte mich. Er war
schön, aber ich konnte ihn kein bisschen ausstehen. Unsichtbare
Kräfte bewegten sich durch ihn hindurch. Ich konnte sie sehen und
spüren, aber ich wusste nicht, was sie wollten oder wie ich mich
ihnen gegenüber verhalten sollte. Der Ort wimmelte nur so von Entitäten und ich meine wirklich "wimmeln". Dies war mein erster
Besuch an einem so alten Ort. Es gibt in den Ländern der Alten
Welt viel mehr Entitäten als in der Neuen Welt, aus naheliegenden
Gründen.

Immer wenn mein Vater und ich auf dem Weg zu den Geschäften an dem Friedhof vorbei liefen, beobachtete ich sie wachsam
aus dem Augenwinkel. Ich wusste, dass wenn ich nicht wachsam
bin, die Geister mich ärgern und mit ihren fiedrigen Fingern nach
mir greifen würden. Es ist, wie wenn man weiß, dass da etwas ist
und es auch gleichzeitig nicht weiß, aber dennoch genug weiß, um
es zu spüren. Macht das irgendwie Sinn?

Der Friedhof war vollgestopft mit Grabsteinen, die in alle Richtungen standen. Für mich sah es aus, als ob irgendein Riese Mi-
kado gespielt und die Stäbchen wahllos herum geschmissen hätte.
Grüne und goldene Flechten wuchsen auf den Grabsteinen und die
Inschriften auf ihnen waren so abgetragen, dass sie unleserlich geworden waren.

Ab und an spazierte mein Vater gerne über den Friedhof, da er ja trotzdem sehr schön war. Er war eine Art Oase inmitten der grauen Gebäude und kalten, feuchten Straßen der Londoner Vorstadt. Ich konnte ihm nicht vorwerfen, dass er ihm gefiel. Die Bäume waren alt und schön und sehr grün. Während er umher wanderte, stand ich mit weit aufgerissenen Augen mit dem Rücken an einem Baum und wartete nur auf den Augenblick, in dem wir wieder gehen würden. Wenn ich nicht mit meinem Rücken an einem Baum lehnte, hatte ich das Gefühl als stünden Leute hinter mir. Aber jedes Mal, wenn ich mich umdrehte, war da niemand. Die unsichtbaren Leute tippten mir auf die Schulter und flüsterten mir ins Ohr und verursachten so einen unerklärlichen Verfolgungswahn.

Bald weigerte ich mich, auch nur in die Nähe der Kirche oder des Friedhofs zu gehen. Wir dachten uns sogar alternative Wege zu den Geschäften aus, da ich so vehement dagegen protestierte, auch nur in die Nähe des Kirchengeländes zu gelangen.

Mein armer Vater hätte uns beiden so viele Kopfschmerzen ersparen können, hätte er gewusst, wie er mit mir über Geister sprechen könnte. Uns beiden wäre so viel Seltsames erspart geblieben, hätte er gewusst, wie er mit mir hätte reden und die Wirklichkeit meiner Wahrnehmung anerkennen können.

Aber mein Vater war, wie ich später herausfand, wie ich gewesen, als er klein war. Als Kind sah er auch körperlose Wesen, aber ihm wurde nicht beigebracht, dieses Talent zu nutzen oder mit Geistern zu sprechen oder mit ihnen umzugehen. Er wurde barsch und hart, weil andere Menschen nicht bereit waren anzuerkennen, dessen er sich bewusst war. Die Menschen glaubten ihm nicht, wenn er davon sprach, was er sah und so begann er, an sich selbst zu zweifeln. Als ich dann kam, war die Tür zur Wahrnehmung von diesen Dingen für ihn verschlossen und die Schlüssel waren an einem Ort versteckt, den er vergessen hatte.

Von Geistern wird mir schlecht

Meine erste Reise nach London machte mich mit vielen tollen neuen Dingen bekannt. Ich traf die gesamte jüdische Familie meines Vaters, aß gehackte Leber (das erste und letzte Mal) und feierte mein erstes jüdisches Fest. Nach dem festlichen Abendessen durften meine Cousins und ich hinaus, um durch die Straßen in der Nachbarschaft zu streifen. Ich fand das großartig.

Mein Vater war in einer traditionellen jüdischen Familie groß geworden, hatte aber seine Religion hinter sich gelassen, als er an die Küsten Amerikas reiste. Vor dieser ersten Reise nach London, wusste ich noch nicht einmal, dass mein Vater Hebräisch sprechen und lesen konnte.

Außer mir die Erfahrung zu ermöglichen, meine englische Familie kennenzulernen, nahm mich mein Vater — Gott sei seiner Seele gnädig — auf eine Besichtigungstour zu einigen historischen Stätten Londons mit. Zuerst besuchten wir den Londoner Tower. Ich hatte nicht die geringste Ahnung, was mich erwarten würde, als wir die Wohnung meiner Großmutter verließen und uns in die Stadt aufmachten, aber ganz ehrlich, den Tower habe ich nicht in bester Erinnerung. Als Kind hatte ich nicht viel Interesse oder gar Neugier, was Geschichte anging. Dahin zu fahren war für mich einfach ein weiterer Ausflugstag mit meinen Papa. Ich blieb einfach bei ihm durch den ganzen Trubel hindurch.

Für diejenigen, die es nicht wissen: Der Tower in London war ein Gefängnis, in dem grauenhafte Foltermaßnahmen und Exekutionen verschiedener Mitglieder der königlichen Familie stattfanden. Wenn du in den Tower geschickt wurdest, bedeutete dies, dass du eine sehr bedeutende Person warst, aber es bedeutete auch, am Arsch zu sein. Ich hätte mich an einem sonnigen Nachmittag in London nicht für dieses Ausflugsziel entschieden, aber da waren wir nun.

Draußen in den Höfen und Gängen waren so viele Touristen, dass es schwer fiel, irgendetwas Ungewöhnliches zu bemerken, aber sobald man die Gebäude des Tower betritt, erzählen die Wände viele Geschichten.

Vor kurzem erzählte mir mein Vater, er sei als Junge mit dem Sohn des Rabenmeisters im Tower befreundet gewesen. Der Rabe ist ein Symbol der englischen Monarchie. Wenn ein Rabe starb oder weg flog, bedeutete dies, dass die Monarchie fiel. Also kannst du dir vorstellen, dass es eine Aufgabe von allerhöchster Wichtigkeit war, diese Vögel am Leben zu erhalten. Mein Vater besuchte häufiger seinen kleinen Freund, der tatsächlich im Tower wohnte. Das war noch bevor der Tower zur Touristenattraktion wurde. Man ließ meinen Vater durch die bewehrten Tore ein und er musste dann ohne Begleitung weiter dorthin laufen, wo sein Freund und dessen Vater lebten. Er musste über die Brücke gehen, von der im 18. Jahrhundert Gefangene in Käfigen in das Wasser hinunter gelassen wurden, um sie zu ertränken. Mein Vater erzählte mir, er rannte mit voller Geschwindigkeit über diese Brücke, weil sie ihm so viel Angst machte.

Als Junge sah er viele Geister am Tower. Aber er kam nicht darauf, sich an diese Informationen zu erinnern, als sie ihm am meisten gedient hätten, nämlich im Umgang mit mir, bei meinem ersten Besuch (in diesem Leben) im Tower.

Wir besichtigten verschiedene der großen Steintürme von innen, bis wir zu einem kamen, der wirklich eine Prüfung für mich war. Wir stießen auf einen langen dunklen Korridor, der von Ritterrüstungen gesäumt war. Bevor wir den Korridor überhaupt erreicht hatten, spürte ich schon die Geister dort. Als wir ihm immer näher kamen, wurde ich zunehmend nervöser und spürte Übelkeit in mir aufsteigen. Wenn ich gekonnt hätte, hätte ich darum gebeten, sofort zu gehen, aber es ging einfach nicht. Mein Mund war in Sprachlosigkeit erstarrt und ich wurde energetisch weiter gezogen. Mit weit geöffneten Augen wurde ich zu einem dunklen Ort gezogen, an dem es keinerlei Hoffnung auf Überleben gab. Wenn ich jetzt daran denke, ist mir klar, dass ich mir der Gedanken und Gefühle der Geister bewusst war, die dazu verurteilt worden waren, dort zu sterben. Obwohl die Körper dieser verurteilten Menschen schon längst verwest waren, lebten ihre Geister immer noch in den Korridoren und Zellen. Dieser Ort war erfüllt von Geistern, die entweder in Trauer verharrten oder in der nicht abzuschüttelnden Angst vor dem Tod, den sie Hunderte von Jahren zuvor erlitten hatten.

Wenn dies für dich schockierend oder kaum vorstellbar ist, stell dir erst einmal vor, wie es sich für mich als Achtjährige anfühlte, die in ihren kleinen Stiefeln schlotterte.

Als wir in den Korridor einbogen, dachte ich noch: "Das ist eine sehr schlechte Idee."

Bevor ich meinen Vater warnen konnte, dass ich kurz davor war, mir in die Hosen zu machen, war es auch schon geschehen. Mein Körper gehorchte mir nicht mehr. Ich schaffte es gerade so, mich auf den Füßen zu halten. Ich begann, mich zu übergeben, als mein Vater mich im Korridor weiter zerrte. Er versuchte, mich an einen Ort zu bringen, wo er mich sauber machen konnte, aber ich veranstaltete eine immer schlimmere Sauerei. Bevor wir den Tower am anderen Ende verlassen konnten, hatte ich meinen Mageninhalt über den Steinboden verspritzt und die Füße einiger glücklicher Ritterrüstungen kunstvoll damit besprenkelt.

Schockiert und ziemlich peinlich berührt, nahm mich mein Vater schnell auf die Arme und floh aus dem Gebäude, so schnell er konnte. Ich litt Höllenqualen und stöhnte: "Ich will hier nicht sein!"

Ich erinnere mich daran, wie ich über die Schulter meines Vaters auf die Raben schaute, die im Rasen herumpickten, als er mich Richtung Ausgangstor trug. Als ich dies in meinem Delirium anstarrte, fragte ich mich, wie Menschen mit so viel Leid leben konnten. Dieser Ort war voll davon und ich spürte, wie es mich erdrückte. Wie konnten alle dort so eine angenehme Zeit verbringen? Konnten sie denn den Mord und die Traurigkeit nicht sehen? Warum tat niemand etwas dagegen?

Diese Art von "Bauch-Reaktionen" war ganz typisch für mich. Als ich älter wurde, konnte ich die Übelkeit lindern, aber sie manifestierte sich dann in psychologische Zerrissenheit und schlechtes Benehmen. Die rohe Gewalt und grauenvolle Natur des Todes im Tower von London, rief einen Übelkeitszustand in mir hervor. Ich war nicht krank; ich nahm nur das Kranke war, das hier ausgeübt worden war.

Aus irgendeinem Grund unbeeindruckt von unserem Ausflug zum Tower, brachte mich mein Vater einige Tage später zur Westminster Abbey. Hier liegen mehr als drei tausend Menschen begraben. Darunter sind die meisten Könige und Königinnen von England, die seit dem elften Jahrhundert regiert hatten sowie viele große Politiker, Poeten und die geachtetsten und angesehensten Köpfe des Landes.

Es ist schwer, die enormen Ausmaße des Westminster Abbey zu beschreiben. Um es einfach auszudrücken: Es ist gewaltig! Es ist so groß, dass die Menschen, die darin herum laufen, wie Ameisen aussehen. Es ist so massiv, dass es die roten Londoner Doppeldeckerbusse aussehen lässt, als wären sie Matchbox-Autos.

Als wir die Stufen zum Kloster hinauf stiegen, wurde ich von Furcht und Übelkeit übermannt. "Igitt", dachte ich, "nicht schon wieder." Ein offener Friedhof mit drei Tausend Menschen, die darin begraben wurden, wäre sicher schon intensiv gewesen, aber dass all diese Gräber in einer großen, festen Gebäudestruktur eingefasst waren, schien es der Energie schwerer zu machen, sich zu verflüchtigen – ganz zu schweigen von der Bedeutung, die den Menschen beigemessen wurde, die hier in den Grüften lagen. Wenn man alle Steine des Klosters gewogen und dann noch mal eine Trillion Kilos drauf gelegt hätte, so war es, wie es sich für mich anfühlte.

Die Furcht und die Übelkeit wurden noch stärker, als ich der Grabstätte von Maria Stuart näher kam. Ich wurde gleichzeitig weiß und grün und zog meinen Vater am Ärmel, um ihm zu zeigen, dass es mir nicht gut ging. Eine Minute später übergab ich mich auf den Boden der Kathedrale. Jetzt ging das schon wieder los! Ich konnte keinen einzigen Schritt weiter gehen.

Ich nehme an, meine Reaktion in Westminster hatte mit den gewaltsamen und grausamen Toden zu tun, die viele der hier begrabenen Menschen erlitten hatten. Immerhin war Maria Stuart hingerichtet worden. Kannst du dir vorstellen, wie sie sich gefühlt haben mag? Nun, ich kann es und es reicht aus, um sich zu übergeben.

Ich verließ England unversehrt und um nur einige Pfunde leichter.

Die Geistertruhe

Die Zeit verging, ich lebte mein Leben weiter und wuchs heran wie alle Kinder. Eines Tages brachte Gary eine alte Holztruhe mit nach Hause und stellte sie ins Wohnzimmer. Gary handelte damals mit Antiquitäten und brachte immer wieder verschiedene Stücke mit nach Hause, die er in seinem Geschäft nicht verkaufen konnte, entweder um sie zu reparieren oder um Platz für andere Dinge zu schaffen. Ungefähr zu dieser Zeit begannen meine Eltern, wirklich zu erkennen, was da mit den Geistern und mir vor sich ging.

Es war nicht untypisch für ihn, sonderbare Dinge mit nach Hause zu bringen. Als Antiquitätenhändler hatte er eine Vorliebe für wilde Mischungen—in späteren Jahren eine Quelle der Erheiterung und Belustigung für meine Brüder und mich. Wir bezeichneten unser Haus als "Papas Museum". Gary lächelte dann schlau und erinnerte uns daran, diese bizarren, kitschigen Objekte stellten unser Erbe dar und dies sei alles, was wir bekämen.

Bis dahin erzählte ich nicht viel darüber, was ich sah, denn es bedeutete mir nichts. Ich hielt es nicht weiter für erwähnenswert, so wie man nicht herum geht und allen erzählt, der Himmel sei blau. Er ist einfach blau und alle wissen das und dasselbe dachte ich über die verschiedenen Entitäten. Sie sind da und jeder weiß es.

Aber etwa zu dieser Zeit begann ich, darüber zu sprechen, denn es fiel mir zunehmend schwerer, die Welt der Geister mit der "realen" Welt zusammen zu bringen.

Die Geister waren da und anstatt einfach mit ihnen herum zu trällern, begann ich, sie mir weg zu wünschen. Ohne dass ich es merkte, fing ich an, die Vorurteile und Abneigungen anderer Leute gegenüber Geistern anzunehmen. Und damit wurden sie Furcht einflößend.

Sobald ich die Truhe sah, mochte ich sie nicht. Ich hatte keine Angst davor, ich wollte nur nicht im selben Zimmer mit ihr sein. Ich war ihr gegenüber sehr unschlüssig. Wenn ich in ihre Nähe kam, schaute ich sie von der Seite an, so wie eine Katze langsamer wird, um etwas zu prüfen, das bedrohlich sein könnte.

Mein Zimmer war auf der einen Seite des Wohnzimmers und das Schlafzimmer meiner Eltern und die Küche auf der anderen. Also musste ich jedes Mal, wenn ich von der einen Seite des Hauses zur andern wollte, an der Truhe vorbei. Ruhig daran vorbei zu gehen stand außer Frage, ich raste immer in vollem Lauf daran vorbei.

Mir war nicht klar, warum die Truhe mir so viel ausmachte, bevor Gary mich fragte, warum ich mich immer darüber beklagte. Da brach es aus mir heraus: "Da sitzt eine verrückte Frau oben drauf!"

Ich hatte mir das selbst noch nicht einmal voll eingestanden, bis ich es laut aussprach.

Die Frau, die auf der Truhe hockte, war gar nicht so verrückt, sondern eher weinerlich und hysterisch. Sie fragte die ganze Zeit, wo ihr Brautkleid sei.

Als Gary mich ganz sachlich fragte, wer sie sei, wusste ich keine Antwort.

Er schlug vor, dass ich die Frau einfach frage, wer sie sei. Das tat ich dann auch. Ich empfing ihre Antwort so, als hätte ich einen Radioempfänger in meinem Kopf. Ihr Name war Jenny.

Da ging Gary ans Telefon und rief die Dame an, von der er die Truhe gekauft hatte, um zu schauen, ob er irgendwelche Informationen hierzu bekommen konnte.

Die Frau sagte, die Truhe habe ihrer Tante gehört, deren Name Jessie war. Jessie hatte ihr Hochzeitskleid darin aufbewahrt. Das war unglaublich! Es war nicht ganz genau der Name, den ich gehört hatte, aber ganz nah dran.

Gary fragte, ob sie das Brautkleid noch habe oder wo es sei. Dabei vermied er es, der Frau am anderen Ende der Leitung zu erläutern, wie und warum er erfahren hatte, dass ein Hochzeitskleid in der Truhe gewesen war. Es schien ihr nicht aufzufallen, dass er Informationen über die Truhe hatte, die sie ihm nicht gegeben hatte. Sie meinte, sie glaube, Jessies Tochter habe das Kleid.

Nachdem er aufgelegt hatte, forderte mich Gary auf, Jessie zu sagen, ihre Tochter habe das Brautkleid und ich willigte ein. Bevor ich noch den Gedanken überhaupt ausformuliert hatte, um es Jessie zu sagen, war sie verschwunden. Sie hatte die Nachricht schon empfangen, bevor ich sie mit meinem Mund, geschweige denn mit meinem Geist, hatte übermitteln können. Zum ersten Mal erkannte ich, wie schnell die Kommunikation mit Entitäten geschehen kann. Anstatt ein Gespräch über alles führen zu müssen, hatte Jessie die ganze Situation so schnell erfasst, wie ich sie verarbeiten konnte. Sie hatte meinen Gedanken gehört, bevor mir überhaupt klar wurde, dass ich einen Gedanken hatte. Denken ist ein so langsamer Vorgang, Wissen und Empfangen geht schneller als der Blitz.

Mit Garys Hilfe befreite ich meine erste Entität einfach dadurch, dass ich ihr zuhörte und ihr eine einfache Antwort auf ihre Frage gab.

Ich weiß nicht, warum Jessie nicht wusste, wo ihr Hochzeitskleid war und warum Gary und ich alle diese Anstrengungen unternehmen mussten, um es zu finden. Man sollte doch denken, dass eine Entität allwissend ist oder in der Lage, Zugang zu mehr Informationen zu bekommen, als wir hier auf dieser Seite, aber das ist einfach nicht so. Und das war meine erste Erfahrung mit dieser Gegebenheit. Nur weil jemand keinen Körper mehr hat, bedeutet das nicht, dass er mehr Fähigkeiten hat oder mehr sehen kann, als wir hier auf dieser Seite. Entitäten können, genau wie andere Leute, nicht mehr weiter wissen und verwirrt sein.

Zum Glück gab es Gary und diese Möglichkeit, denn andernfalls hätte ich sehr schnell zu einem, dieser verrückten Kinder werden können, das wegen Möbeln austickt. Das Glück wollte es, dass Jessie und ich uns begegneten und einander halfen. Ich half ihr dabei zu erkennen, dass sie nicht bis in alle Ewigkeit auf einer Truhe sitzen und sich fragen musste, wo ihr Hochzeitskleid hingekommen war und sie half mir zu erkennen, dass ich wirklich Entitäten sah und hörte, obwohl ich mir das noch viele Jahre lang nicht gänzlich eingestehen würde.

Sehr bald nach dieser Klärung (Jessies Fortgang) konnte Gary die Truhe zu einem guten Preis verkaufen, nachdem er sie in der ganzen Zeit, in der er sie gehabt hatte — über eineinhalb Jahre — nicht hatte verkaufen können. Wer würde denn auch etwas kaufen wollen, egal wie schön es ist, wenn eine verrückte Wesenheit darauf sitzt? Die Leute konnten Jessie nicht sehen, aber sie konnten etwas spüren und fühlten sich von der Truhe abgestoßen, auch wenn sie nicht genau sagen konnten warum.

Drogen und Alkohol

Mein älterer Bruder Adam war elf Jahre alt, als ich geboren wurde. Ein Jahr später mit zwölf nahm er schon harte Drogen. Er lief praktisch etwa im Alter von zwölf Jahren davon, um sich selbst auf den Straßen von Los Angeles großzuziehen.

Während ich aufwuchs, war Adam nicht im Haus. Meine Beziehung zu ihm bestand darin, dass ich ihn hin und wieder sah. Er war eher wie ein entfernter Cousin für mich als ein Bruder. Wenn er da war, war das immer sehr kurz und bittersüß. Ich liebte ihn unheimlich, aber er konnte keinen Frieden finden, egal was alle auch versuchten, für ihn zu tun. Während seiner gesamten Teenagerzeit wanderte er von einem Drogenentzug und Jugendgefängnis zum anderen und am Ende war es das Gefängnis.

Warum wählte Adam das? Abgesehen von seiner Wahl, glaube ich, er wurde von Geistern und Dämonen gequält, die ihn niemals in Ruhe ließen und seinen Drogenkonsum am Leben erhielten. Je mehr Drogen er nahm, umso mehr Geister ließ er hinein.

Viele höchst bewusste Menschen benutzen Drogen und Alkohol, um auszublenden, was sie wahrnehmen, als ob die Drogen die Stimmen, die sie in ihrem Kopf hören oder die übersinnlichen Informationen, die sie von anderen Menschen empfangen, auslöschen könnten. Sie suchen nach Möglichkeiten, die Empfindungen, die sie haben, nicht zu haben.

Ich habe auch Drogen genommen als Teenager, hauptsächlich aus Neugier und auch, um meine Wahrnehmungen von Entitäten auszublenden. Natürlich funktionierte das nicht; es machte alles nur schlimmer. Du kannst ein Talent oder eine Fähigkeit nicht abschalten oder verschwinden lassen, du kannst dir dieser nur unbewusst werden. Diese auszublenden oder zu unterdrücken, erschafft nur die Illusion, sie sei nicht da. Es mag aussehen, als ob es funktioniere, aber letztendlich wird sie von dort, wo man sie versteckt, heraus platzen und sich auf alle möglichen seltsamen Weisen zeigen. In meinem Fall führte das Verstecken zu einer Menge heftiger Gefühle und Wut.

Ich teilte mein Zimmer mit Adam, wenn er wieder einmal zur Familie zurück gekehrt war, nachdem er gefühlte Jahre verschwunden oder vermisst gewesen war. Diese Nächte, in denen ich mein Zimmer mit ihm teilte, waren häufig mit Albträumen von Dämonen und Terror erfüllt. Ich wachte dann schweiß gebadet auf und sah meinen mageren Bruder friedlich neben mir schlafen. Zu dem Zeitpunkt, als wir beide jünger waren, hatte er ein großes Tattoo auf seinem Rücken von einem dämonenhaften Mann mit Schwingen, wie ein Drachen und dem Kopf eines bösen Geistes wie die Kreaturen auf Iron Maiden-Alben. In der Zwischenzeit hat er es mit einem ästhetisch ansprechenderen japanischen Motiv überdeckt. Damals jedoch starrte der Geist auf seinem Rücken mich an und ich war durch seine Kraft wie gelähmt. Ich kann mir nur vorstellen, wie Adam sich mit all diesen Geistern in seinem Leben gefühlt haben muss (eigentlich weiß ich genau, wie sich das anfühlte: höllisch). Adam bat nie um Hilfe und wir alle sahen zu, wie mein schöner Bruder verschwand. Sein Platz wurde von einem wütenden, gewalttätigen und gequälten Wesen eingenommen, das ihn in Tiefen trieb, die ich niemals kennenlernen werde und mir nicht vorstellen mag.

Adam war meine erste Erfahrung im Umgang mit gewalttätigen und dunklen Entitäten. Dadurch liebe ich ihn nicht weniger und verurteile ihn nicht mehr. Die Erfahrung mit meinem Bruder gab mir die Fähigkeit zu sehen, was Drogen und Alkohol einem Menschen antun können und was sie sich damit einladen. In einem Moment war Adam da und im nächsten schon starrte ein anderes Wesen aus seinen Augen.

Mir war damals der Unterschied zwischen ihm und den Geistern bewusst, aber ich weiß nicht, ob er ihm bewusst war. Ich vermute, er verließ die Familie, um uns nicht seinen Dämonen auszusetzen. Er ließ sie sein Leben regieren und ich vermute, es gefiel ihm, sonst hätte er das nicht gewählt.

Ein Dämon ist eine Wesenheit, die in der Regel als ein bösartiger Geist beschrieben wird; aber das englische Wort *demon* kommt ursprünglich von *daemon*, einem lateinisierten Begriff aus dem Griechischen. Ein *Daemon* ist ein guter oder ein schlechter Geist, ein unklarer Geist oder einfach nur ein Geist. Die negative Nebenbedeutung von Dämonen kam erst später auf, als sich das Christentum verbreitete. In der griechischen Mythologie waren die *Daemonen* zwischen den Menschen und den Göttern angesiedelt. Sie waren häufig die Geister toter Helden. Wie bei so vielen Dingen ist die ursprüngliche Bedeutung und Definition des Wortes über die Zeit verloren gegangen und verdreht worden.

Ich glaube, in Wirklichkeit werden die Dämonen von Menschen benutzt, um ihre eigenen Entschlüsse und ihr Unbewusstsein zu rechtfertigen. Natürlich können Geister Menschen beeinflussen, genauso wie Menschen Geister beeinflussen können. Aber die Wahlen, die Menschen treffen, und die Handlungen, die sie vornehmen, sind immer noch ihre Entscheidung. Zu behaupten sie seien von Geistern besessen oder hätten Dämonen, hieße, die Eigenverantwortung dieser Person völlig zu ignorieren.

Allerdings können und werden durch den Konsum von Drogen und Alkohol jene Entitäten von einer Person angezogen, die sich gerne in der Energie von Drogen und Alkohol aufhalten. Das kann der Geist von jemandem sein, der an einer Überdosis gestorben ist oder ein Alkoholiker war. Derjenige hat zwar keinen Körper mehr, ist aber nach wie vor ausschließlich daran interessiert, Drogen und Alkohol zu konsumieren. Daher wird er einen Körper finden, über den er die Drogen und den Alkohol zu sich nehmen kann.

Ich erzähle diese Geschichte, um zu schildern, wie sich Drogen und Alkohol auf einen Menschen und ein Leben auswirken können. Wenn man Drogen und Alkohol nimmt, öffnet man sich für unbewusste und gegen das Bewusstsein gerichtete Entitäten. Wenn ich von "Drogenkonsum" spreche, dann meine ich Partydrogen und Medikamente. Wenn ich von Alkoholkonsum spreche, meine ich so viel, dass man unbewusst und nicht mehr präsent ist.

Wann auch immer du Drogen oder Alkohol wählst, verschließt du die Kanäle, über die das Universum dich führen und für dich sorgen kann. Dies zieht auch eine große Anzahl an unbewussten und gegen das Bewusstsein gerichteten Entitäten nach sich, denen dein Wohlergehen nicht am Herzen liegt.

Deswegen wirken manche Leute unheimlich oder scheinen Schatten um sich herum zu haben. Es ist nicht die Person, die unheimlich ist; es sind die Entitäten um sie herum, die diese Atmosphäre schaffen.

Wenn du jemanden kennst, der ein starker Trinker oder Drogenkonsument ist und nicht aufhören kann, egal wie sehr er sich bemüht, ist es sehr gut möglich, dass er Entitäten an sich haften hat, die trinken oder Drogen nehmen wollen. Es ist nicht so, dass dieser Mensch trinken möchte, sondern die Entität. Die Entität schickt ständig eine Nachricht an den Körper dieses Menschen, etwas zu trinken oder eine Droge zu nehmen. Wenn man diese Entität klärt, wird es demjenigen sehr viel leichter fallen aufzuhören.

Jemand, der schon lange ein Trinker oder drogenabhängig gewesen ist, kann buchstäblich Tausende von Entitäten an sich haften haben. Diese Entitäten können geklärt werden, aber derjenige kann sie ganz einfach wieder zurück holen oder weitere Entitäten anziehen, wenn er oder sie weiterhin unbewusste Entschlüsse fasst.

Manche Menschen mögen ihre unbewussten Entitäten, sie fühlen sich vertraut und bequem für sie an. Wenn man ihnen die Entitäten durch eine Klärung oder auf andere Art wegnimmt, fühlen sie sich möglicherweise unwohl oder einsam. Eine Wahl ist eine Wahl. Du magst der Meinung sein, diese Person wäre besser dran ohne die Drogen, den Alkohol und die Geister, aber derjenige kann ganz einfach anderer Meinung sein.

Übergangsriten

Wie sähe die Welt aus, wenn wir alle dazu ermutigt würden, so großartig zu sein, wie wir möchten und man uns sagen würde, wir hätten weder Recht noch Unrecht oder seien weder "falsch" noch "richtig", sondern vielmehr großartig über unsere kühnsten Träume hinaus?

Ich habe häufig intensiv über die Welt eines Teenagers nachgedacht. Teenager haben immer noch die Schlüssel zur Kindheit und verkörpern die kommende Stärke des Erwachsenseins. Sie sind voller jugendlicher Energie und fangen an, die Regeln dieser Welt zu begreifen. Einige Teenager kommen mit dieser Zeit sehr gut klar und genießen ihr "Erwachsenwerden", während andere damit zu kämpfen haben.

Ich bin der Meinung, Teenager zählen zu den mächtigsten Menschen auf dem Planeten. Ein ermächtigter Teenager ist eine ernstzunehmende Größe. Sie haben sich noch nicht vollständig in die Begrenzungen dieser Realität hinein gefügt. Ein nicht ermächtigter Teenager ist auch eine ernstzunehmende Größe, wenn auch bisweilen eine destruktive, weniger angenehme Kraft.

Wenn man eine Umfrage starten würde, wie verschiedene Leute sich an ihre Teenagerzeit erinnern, würde man sehr gemischte Antworten erhalten. Für mich bedeutete das Teenagersein die Hölle.

Wenn ich diesen Teil meines Lebens hätte überspringen können, hätte ich es getan.

Die Highschool war eine Qual und außerdem todlangweilig. Sie lehrte mich einfach nicht die Dinge, die mich interessierten oder die mir wichtig waren.

Eine seltsame Anomalie trat bei mir auf, sobald ich ins Teenageralter kam. So etwa im Alter von 13 und 14 wurde das Leben für mich immer schwerer, wie bei vielen Teenagern. Da waren heftige, seltsame Gefühle in mir, die ich nicht verstand oder in Frage stellte. Ich wurde nur langsam immer mürrischer und unglücklicher. Mir war nicht klar, wie sehr meine Familie anders war und wie anders ich war. In den kommenden zehn Jahren versuchte ich, mich an alle anzupassen, ohne mir darüber klar zu sein, dass ich dies tat.

Obwohl Gary wöchentliche Channeling-Treffen abhielt, zu denen Leute zu uns nach Hause kamen und in einem abgedunkelten Raum saßen, während Rasputin durch Gary sprach, lief ich nicht etwa durch die Gegend und gab vor der ganzen Welt zu, dass ich Entitäten sah und hörte. Soweit mich das anging, war das etwas, wofür sich meine Eltern begeisterten. Ich hatte eigentlich keine Meinung dazu, was meine Eltern machten oder wofür sie sich interessierten, aber ich bewegte mich rasend schnell in jenen Zustand hinein, in dem es mir wirklich etwas ausmachte, was meine Freunde von mir dachten. Ich wollte einfach nur cool sein und gemocht werden.

Ich ging weder öffentlich noch gegenüber meinen Freunden damit hausieren, was Gary machte. Ich wollte einfach nicht darüber sprechen. Ich war niemals dagegen, ich wollte nur einfach nichts mit den Urteilen und Befürchtungen zu tun haben, die andere Leute gegenüber den Interessen meiner Eltern hatten. Und wem sind seine Eltern als Teenager nicht unendlich peinlich?

Ich tat mein Möglichstes, um all meine übernatürlichen Wahrnehmungen abzuschneiden und als ich fünfzehn Jahre alt war, meinte ich in einer Welt wie alle anderen zu leben. Der einzige Haken war, dass ich immer wütender und deprimierter wurde. Meine Eltern versuchten mir auf jede erdenkliche Weise, die ich zuließ, zu helfen, aber stur wie ich war, wollte ich ihnen nicht zuhören oder ihre Hilfe annehmen.

Ich kann heute mit Bewusstsein zurück schauen und erkennen: Die Wut und Depression rührten daher, dass ich mich dagegen wehrte und es leugnete, die Stimmen der Toten zu hören. Indem ich diese Wahrnehmungen bekämpfte, wurden sie nur zu heftigen Gefühlen verzerrt. Es war einfacher zu sagen, ich sei wütend, als ich würde mit toten Menschen sprechen. Ich belog mich selber darüber, wer ich war und was für mich real war. Ich konnte meine Wahrnehmungen nicht in die Welt einpassen, in der ich meinte zu leben. Ich wollte nicht so ein Freak sein.

Als Teenager verstand ich, dass die Welt generell Menschen, die mit Geistern sprechen, nicht offen annimmt. Wenn ich mit jemandem darüber gesprochen hätte, dass ich Geister sehen würde und hören könnte, hätte ich zutiefst verurteilt werden können und hätte ich zu einer anderen Zeit oder in einem anderen Land gelebt, hätte man mich möglicherweise verletzt oder als Hexe verfolgt.

In der Highschool belegt man Algebra und nicht etwa "Einführung in das Verstehen übersinnlicher Energien und das Kommunizieren mit den Entitäten". Letzteres wäre sehr viel hilfreicher für mich gewesen. Wer braucht Pythagoras' Theorie, wenn man Tag und Nacht die unerledigten Angelegenheiten von toten Leuten in seinem Kopf ablaufen hat? Mir hätte es gefallen, nach Hogwarts zu gehen.

Das einzige Fach, das mir gefiel, war Kunst. Ich war so griesgrämig und sauer in meiner Teenagerzeit und dachte, ich verabscheute alle so sehr, dass Freundschaften zu schließen nicht weit oben auf meiner Prioritätenliste stand. Seltsamerweise waren meine beiden besten Freunde in der Highschool „Wiedergeborene Christen". Ironie des Schicksals, ich weiß. Sie waren super eingebunden in ihre Familien und die Kirche, aber aus irgendeinem Grunde störte das nie unseren kleinen bunten Haufen. Es war uns eigentlich egal, wie das Familienleben der andern war und mit ihnen zusammen war es echt leicht. Wir waren alle Kunstfreaks und kamen miteinander so gut klar, wie das eben drei durchgedrehte, wütende, introvertierte Teenager nur konnten. Ich sah ihre Eltern kaum, was seltsam ist, denn wir hingen den lieben langen Tag zusammen herum.

Wir gingen nie zu irgendwelchen Schuldiscos oder-veranstaltungen und ich war noch nicht mal bei meiner eigenen Abschlussfeier dabei. Ich hielt es mit den meisten Leuten einfach nicht aus, besonders in großen Gruppen. Ich verurteilte mich selbst fürchterlich dafür. Mich antisozial zu nennen, wäre eine Untertreibung gewesen. Ich zog mich in weit entfernte Orte in meinem Geist zurück und hielt den Atem an, in der Hoffnung und Erwartung, das Leben würde an mir vorbei ziehen und zu Ende gehen.

Mein Stiefbruder Sky und ich waren seit der zweiten Klasse in derselben Klasse gewesen, aber als wir in die elfte Klasse gingen, erschien er immer seltener an der Schule. Eines Tages hörte er einfach auf zu kommen. Gerne wäre ich seinem Beispiel gefolgt, aber ich hätte das nicht so einfach bringen können. Sky lebte im Haus seiner Mutter und sie ließ ihn so ziemlich alles machen, was er wollte. Ich lebte zu der Zeit im Haus meiner Mutter mit Gary und es wäre für sie nie in Frage gekommen, dass ich die Schule verließe. Also blieb ich aus Angst vor dem Zorn meiner Mutter in der Schule.

Um die Schule abzuschließen, zog ich mich innerlich ins "Niemandland" zurück. Ich war immer weniger und weniger anwesend, um die (verzeiht mir die Dramatik) Qual Tag für Tag zu vermeiden, etwas tun zu müssen, das nichts mit mir als Wesen zu tun hatte. Es ging eher darum, mich wie einen Roboter abzurichten, damit ich dieselben Antworten hatte, wie alle anderen.

Mein typisches Verhalten war gekennzeichnet von einem Hinundherschwanken zwischen lähmenden Anfällen von Leid und wilder manischer Freude, durchbrochen von Aggressions- und Wutausbrüchen. Hätte ich einen Psychiater aufgesucht, hätte er sicherlich eine bipolare Störung bei mir diagnostiziert, was aber nicht wirklich erklärt hätte, was damals in mir vorging, wie mir heute klar ist...

Ich hatte etwas, was ich im Scherz als "übersinnliches Tourette-Syndrom" bezeichne. Wenn jemand in meiner Nähe ein bestimmtes Gefühl von Wut oder Traurigkeit unterdrückte, tat ich ihm oder ihr den Gefallen, es für ihn oder sie auszudrücken! War das nicht nett von mir? Das Ende vom Lied war, ich wirkte wie ein totaler Psycho. Und ich dachte die ganze Zeit, mit mir stimme etwas nicht, weil ich "meine" Gefühle nicht kontrollieren konnte. Also tat ich, was jeder andere hypersensible Teenager tun würde, der die Stimmen der Toten hört: Ich begann Drogen zu nehmen. Die Drogen schalteten die Stimmen vorübergehend ab und machten die ganze Schwere leichter. Sie zeigten mir eine Welt, in der Magie doch möglich schien.

Ich will nicht nahelegen oder befürworten, dass Drogen irgendeine Lösung oder Antwort bieten. Bewusstsein ist ein echtes High. Drogen sind ein künstliches, gefälschtes High, das einen meistens verlorener und verwirrter zurück lässt, als man eigentlich war. Sie können es erleichtern, weitere Entitäten in sich hinein zu ziehen, was ich zuvor schon erwähnt habe. Sie scheinen Vergnügen zu bereiten, aber der Schaden, den sie jemandem zufügen können, ist kaum das vorübergehende Hochgefühl wert, das sie verschaffen.

Wie in einem Nebel schloss ich die Highschool ab und am Ende dieses Sommers zog ich nach New York City, um eine Kunstschule in Brooklyn zu besuchen. Stellt euch mich als kleine übersinnliche Siebzehnjährige vor, losgelassen auf den Straßen von New York. Ich glaube, ich habe keinen einzigen Moment in New York verbracht, ohne mit irgendetwas zugedröhnt zu sein. Es ist ein Wunder, wie ich je meinen Heimweg fand. Offensichtlich konnte ich das Gewicht dessen, was ich in der Welt erfuhr, nicht ertragen. Ich zog es vielmehr vor, mich in meine drogeninspirierte Vorstellungswelt zurück zu ziehen, wo alles in jeder Hinsicht besser war.

Paradoxerweise begann ich mich gerade zu jener Zeit gegenüber den Möglichkeiten zu öffnen, mehr und mehr mit Gary zusammen zu arbeiten.

Access

Eines Tages im Jahr 1991, als ich etwa elf Jahre alt war, bekam Gary einen Anruf von einem Kunden, der in New York lebte. Dieser Typ fragte ihn, ob er für eine gechannelte Massage hinfliegen würde. Gary fragte ihn: "Was bekomme ich dafür und muss ich jemanden berühren?" Ich weiß nicht, um wie viel Geld es dabei ging, aber der Kunde versicherte Gary, er müsse die Massage nicht selbst ausführen, er solle channeln und dem Masseur sagen, was zu tun sei. Gary erklärte sich einverstanden und flog nach New York. Während dieser Sitzung wurden die ersten Werkzeuge von Access Consciousness gechannelt. Access sollte Garys Lebenswerk werden und mir den Raum geben zu sein, wer ich heute bin.

Im Jahr 1992 channelte Gary an einem warmen Sommerabend im Garagenatelier hinter dem Haus in Santa Barbara die ersten Access-Kurse. Vier Leute nahmen an diesem ersten Kurs teil. Das Material von diesen Kursen wurde zu den Grundwerkzeugen von Access.

Nachdem er gechannelt hatte, hörte sich Gary die Aufzeichnungen von den Kursen an, um sich selbst mit den Informationen und Verfahren vertraut zu machen und sie zu lernen. Er erklärte, er müsse sich die Aufzeichnungen anhören, denn wenn er channele, sei das als ob er weit entfernt von seinem Körper am Ende eines langen Korridors stünde. Am Anfang erinnerte er sich häufig nicht

---

daran, was er während der Sitzungen gechannelt hatte. Das änderte sich mit der Zeit, doch zu Beginn hatte er nicht viele Erinnerungen.

Das Erste, von dem Gary anfing zu sprechen, als er channelte, war etwas, das sich die Bars ("The Bars", wörtlich: Stange, Stab oder auch Schiene) nannte. Diese Methode, die Access Bars genannt wird, bedient sich einer leichten Berührung am Kopf, bei der verschiedene Punkte angesprochen werden, die mit verschiedenen Bereichen des Lebens korrelieren. So gibt es zum Beispiel Punkte für Freude, Traurigkeit, Körper und Sexualität, Bewusstsein, Güte, Dankbarkeit, Frieden und Ruhe. Es gibt sogar eine Geld-Bar. Sie werden Bars genannt, da sie buchstäblich von einer Seite des Kopfes zur anderen verlaufen. Durch das sanfte Berühren dieser Punkte lösen sich alle angesammelten Gedanken, Gefühle, Emotionen, Überlegungen und Bewertungen, die jemand in Bezug auf diesen Bereich hat. Bei einer Bars-Sitzung werden fünf bis zehn Tausend Jahre an Sichtweisen und Betrachtungen losgelassen. Kannst du dir vorstellen, wie sich das anfühlt?

Nun, ich kann dir sagen, man steht danach auf und fühlt sich um einiges leichter. Da wird Zeug ausgeräumt, von dem man noch nicht einmal wusste, dass es einen quält, bis es nicht mehr da ist. Im Wesentlichen erfährt man durch das Laufenlassen der Bars sehr viel mehr Klarheit und letztendlich mehr Bewusstsein.

Wenn wir mit unseren Fingern die Bars berühren, wird die elektromagnetische Komponente aufgelöst, die wir in unserem Energiefeld erzeugen, wenn wir uns schlecht fühlen oder traurig sind oder eine Bewertung haben. Heute heißt es in der Wissenschaft, wir verdrahten buchstäblich unser Gehirn, indem wir immer wieder dieselben Gedanken und Erfahrungen durchlaufen. Sobald wir fünf oder sechs Jahre alt sind, haben wir sehr wenig Raum für Veränderungen; wir haben unsere Gehirne fest verdrahtet. Das nennt man neurosynaptische Leitungen.

Anfangs wusste ich nicht, wie ich das einordnen sollte, was während oder nach diesen Bars-Sitzungen passierte, aber je mehr ich davon machte, desto mehr wurde ich mir der drastischen Veränderungen in meiner Persönlichkeit und in meinem Leben bewusst. Ich begann, mich leichter und fröhlicher zu fühlen, es war angenehmer für mich, mit anderen zusammen zu sein und ich wusste, es war auch für andere Menschen leichter, mit mir zusammen zu sein.

Während meiner gesamten ersten Bars-Sitzung schlief ich ganz tief—oder zumindest hielt ich das damals für Schlaf. Das war nicht der Schlaf wie nachts im Bett, es war eher so ein leicht weggetretener, traumähnlicher Zustand, in dem ich alles hören konnte, was um mich herum vorging. Mein Körper war in einem Zustand tiefer Entspannung, den ich dem Schlaf gleichsetzte, weil ich so etwas noch nie zuvor erlebt hatte.

Als ich in meinen Körper zurückkam, von wo immer ich auch gewesen war, lag ich auf der Massageliege. Gary hatte zu Ende gechannelt und lächelte mich an. Ich versuchte, mich zu bewegen, aber ich konnte nicht aufstehen. Mein Körper wollte sich nicht regen, also lag ich einfach eine gefühlte Ewigkeit da, während ich langsam wieder in dieser Realität ankam. Als ich schließlich in der Lage war aufzustehen, kippte ich fast um, sobald meine Füße die Erde berührten. Alles in meinem Körper hatte sich verschoben, meine Tiefenwahrnehmung hatte sich verändert. Ich hatte mich noch nicht an meinen neuen Körper gewöhnt. Alles war so viel leichter, ich war ein wenig benommen und schwindelig. Da ich nicht wusste, was ich in diesem Zustand mit mir anfangen sollte, entschuldigte ich mich und ging stolpernd zu Bett.

Es sollte noch Jahre dauern, bevor ich erkannte, welche dynamischen Veränderungen Access bei Gary bewirkte und bevor ich verzweifelt genug war, um mich wirklich für Access zu interessieren. Access stellte sich als ein Wunder heraus, von dem ich noch nicht einmal wusste, dass ich darum bat.

1998, als ich in New York lebte, kam Gary in die Stadt, um mit einem Stand auf einer dieser Gesundheits-, Wellness- und Parapsychologie-Messen vertreten zu sein. Ich ging ihn besuchen. Er und ein paar andere Leute ließen die Bars laufen und stellten Access vor. Er lud mich ein, mich hinzulegen, um meine Bars laufen zu lassen und sehr schnell kamen Tränen hoch und ich weinte. Bevor ich mich versah, schluchzte ich laut und konnte nicht aufhören, egal wie peinlich mir das war. Das kam einfach aus heiterem Himmel und ich konnte es nicht zurück halten. Die ganze Zeit über ließ Gary weiter meine Bars laufen und sagte mir, es sei in Ordnung und ich solle es einfach rauslassen. Also tat ich das. Langsam hörte es auf und Gary beendete die Sitzung. Ich setzte mich auf und fühlte mich leichter und klarer, als ich mich scheinbar seit Jahren gefühlt hatte. Mir war noch nicht einmal klar gewesen, wie schwer ich mich gefühlt hatte, bevor alles weg war, was immer "es" auch gewesen war.

Nachdem ich mich wieder gesammelt und alle umarmt hatte, besonders Gary, ging ich los zur U-Bahn, um nach Hause zu meiner Wohnung in der Upper West Side zu fahren, weil ich am nächsten Morgen einen Kurs hatte. Die Messe war auf der 34sten Straße und für diejenigen von euch, die New York nicht kennen: Das ist eine der belebtesten Straßen in Manhattan. Ich ging aus der Tür des Gebäudes und war dabei, den Häuserblock entlang zu meiner U-Bahn-Station zu laufen, bemerkte jedoch eine Frau am Rande des breiten Bürgersteiges der Straße. Sie beugte sich über etwas und als ich schaute, was es war, haute es mich um. Dort auf dem Boden, mitten in Manhattan auf der 34sten Straße, lagen eine Menge 100-Dollar-Scheine, die aus einem Scheckheft quollen. Nachdem mir klar wurde, was ich da sah, schaute mich die Frau, die sich darüber beugte, bittend an. Ich ging rüber zu ihr und wir standen beide nur da und starrten es an. All die anderen Hunderte von Leute auf der Straße sahen es noch nicht einmal. New York ist komisch, was das angeht, es gibt so viele Menschen, aber niemand sieht irgendetwas. Du könntest da liegen und sterben und die Leute würden einfach über dich hinweg steigen.

Die Dame schaute mich an und sagte zu mir, sie habe Angst davor und ich solle das regeln. Genau dies waren ihre Worte. Danach ging sie einfach. Ich mach keine Witze, sie sagte, sie habe Angst davor. Ich dachte: "Scheiße, ich nehm's!" Ich sammelte alles ein, stopfte es in meine Tasche und hetzte zur U-Bahn in der Hoffnung, niemand würde mich verfolgen.

Ich schaffte es nach Hause in die Sicherheit meines Zimmers, schloss die Tür auf und holte das Geld heraus, um meinen Fund zu inspizieren. Da zählte ich es zum ersten Mal und es waren 800 Dollar.

Die Geldscheine steckten in einem Scheckheft und siehe da, es enthielt den Namen und die Adresse der Frau, jedoch keine Telefonnummer.

Sie lebte in Vermont. Ich dachte an meine beiden Optionen. Ich könnte das Geld für mich selbst behalten, aber ich wusste, unter den Umständen würde ich es nicht wirklich genießen oder aber ich konnte es zurück geben. Ich entschied mich, einen Brief an die Adresse zu schreiben und ihr mitzuteilen, ich hätte das Geld gefunden und wenn ich innerhalb von drei Wochen nichts von ihr hörte, würde ich es behalten. Wenn sie sich meldete, würde ich es ihr schicken.

Nach zwei Wochen klingelte mein cooles himmelblaues Retro-Telefon und es war sie, Miss Vermont, die begeistert erklärte, wie großartig es sei, dass ich das Geld gefunden hätte und wie ich ihren Glauben an die Menschheit wieder hergestellt hätte, indem ich anbot, es zurück zu geben. Ich dachte: "Hm, das ist eine ziemlich gute Belohnung, den Glauben von jemandem wieder herzustellen." Sie sagte mir, ich solle 200 Dollar als Dankeschön behalten, was eine Ironie war, denn ich hatte genau 200 Dollar bereits für Gras ausgegeben.

Einige Wochen später hatte ich einen Termin bei einer der Frauen, die bei Gary Access gelernt hatten. Sie war bei der parapsychologischen Messe gewesen. Sie war eine Shiatsu-Therapeutin und ich sollte eine Behandlung von ihr bekommen. Wie es der Zufall wollte, machte sie am Ende Access mit mir, was schön war. Ich verließ ihr Büro und fühlte mich leichter und ausgedehnter. Ich nahm den Aufzug nach unten ins Erdgeschoss und als sich die Tür zur Lobby öffnete, stand da ein Putzwagen mit einem großen, durchsichtigen, prallen Müllbeutel oben drauf. Ich schickte mich an, darum herum zu manövrieren, als ich etwas erspähte und zwar einen 20-Dollar-Schein, der mich vom Boden des Beutels aus förmlich anstarrte. Ich dachte: "Na, wen haben wir denn da?" und bohrte mit meinem Finger ein kleines Loch in den Beutel, rettete die 20 Dollar und ging meines Weges.

Erst Jahre später wurde mir klar, dass diese Geldfunde das direkte Ergebnis von Access waren und von meiner Fähigkeit, mehr vom Universum zu empfangen. Indem ich die Werkzeuge von Access anwendete, veränderte sich etwas in mir und Dinge traten wie durch Magie ein. Gary sagt oft: "Ihr habt kein Problem mit Geld, Ihr habt ein Problem mit dem Empfangen. Seid bereit, mehr zu empfangen und das Geld wird ein Nebenprodukt sein."

Mein Leben begann, sich zu ändern und es war nur noch eine Frage der Zeit, bevor ich mir gänzlich des Ausmaßes aller Möglichkeiten und meiner Fähigkeiten mit Entitäten bewusst wurde.

Als mein erstes Studienjahr in New York zu Ende ging, entschied ich mich, zurück nach Hause zu ziehen. Es gibt einen riesengroßen Unterschied zwischen der Westküste und der Ostküste der

USA. Ich vermisste meine Familie und das kalifornische Wetter. Ich entschied mich, an eine Kunsthochschule in Kalifornien zu wechseln. Ich zog nach Oakland, das direkt gegenüber von San Francisco in der Bucht liegt, um wieder mit meinen Freunden aus Santa Barbara zusammen zu kommen, die auch in Oakland studierten. Ich erinnere mich, dass ich weinte, als ich aus dem Fenster des kleinen Flugzeuges schaute, das mich zurück nach Santa Barbara brachte. Um in Santa Barbara zu landen, fliegt man über den Ozean und er funkelte und glitzerte blau. Ich hatte die Schönheit der Sonne und des Meeres von Kalifornien vermisst. Ich schrieb mich in Oakland ein und zog dorthin, um es noch einmal mit der Kunsthochschule zu versuchen.

In dieser Zeit telefonierte ich immer regelmäßiger mit Gary und bat ihn um Hilfe mit meinem Leben. Ich begann, wirklich zu merken, dass Access funktionierte, denn ich konnte Gary total aufgelöst anrufen und war innerhalb von einigen Momenten komplett beruhigt. Wenn ich dann nach einem Gespräch mit Gary auflegte, konnte ich mich kaum noch daran erinnern, worüber ich mich überhaupt aufgeregt hatte.

Ich entschied mich, die Kunsthochschule zu verlassen und Access hauptberuflich zu verfolgen. Meine Mutter fand das furchtbar, aber Gary erlaubte es mir, diese Wahl zu treffen. Ich wusste, ich musste es tun. Die Kunsthochschule machte Spaß, weil ich all meine Zeit damit verbringen konnte, Kunst zu schaffen, aber die Schwierigkeit bestand für mich darin, dass es wie eine riesige, niemals endende Party war. Manchen mag das großartig erscheinen, aber je bewusster ich wurde, desto schwieriger wurde es für mich, um all die Drogen und den Alkohol herum zu sein. Künstler feiern heftiger und suchen verrücktere Orte in ihrem Leben und ihrem Geist auf als alle anderen, die ich kenne. Als ich bewusster wurde, begann ich auch zu erkennen, dass ich keine wirkliche Verbindung mit irgendjemandem an der Schule hatte und dass niemand sonst irgendeine echte Verbindung mit irgendjemand anderem hatte.

Mit den Leuten, die ich bei Access traf, erlebte ich die Verbindung, nach der ich mich so sehr sehnte. Ich fühlte mich vollkommen nicht bewertet und umsorgt und außerdem wurde alles fröhlicher und leichter, je mehr Access ich machte.

Ich zog aus Oakland zurück nach Santa Barbara, nahm mir eine Wohnung und begann, alle meine Freunde und wer sonst noch interessiert war, darin zu unterrichten, wie man Bars-Sitzungen gibt und Access nutzt.

Je mehr Access ich nutzte, desto bewusster wurde ich. Ich hatte die Entitäten immer wahrgenommen, ob ich es zugeben wollte oder nicht, aber ich war vollkommen unvorbereitet auf das, was dann kam — oder zumindest dachte ich das.

Die Zeichen dafür, dass die Entitäten ein Teil meines Lebens waren, waren unleugbar. Das Flüstern ihrer Stimmen in meinen Ohren und ein leichtes Streifen meiner Schulter, wenn sie versuchten, meine Aufmerksamkeit zu erhaschen, waren ein tägliches Vorkommnis. Meine Wohnung füllte sich bisweilen mit dem Nebel ihrer Anwesenheit. Eines Tages waren sie alle da, so als ob ein Lichtschalter umgelegt worden wäre.

Die Entitäten sagten: "Hallo Shan, lange nicht gesehen... Wir wissen, du hast versucht, uns aus dem Weg zu gehen und hast es auch irgendwie geschafft...aber jetzt, wo du gewählt hast, bewusster zu sein, werden wir sehr viel mehr in deiner Nähe sein."

Widerwillig erwiderte ich: "Okay. Es tut mir leid, dass ich euch ignoriert habe, aber ich war bis jetzt nicht wirklich dazu bereit."

Die Entitäten antworteten mit dem einfachen Satz: "Dann lass uns loslegen!"

Teil Zwei

Die Grenzen

"Alles ist möglich. Nur unsere Wahl hält uns davon ab."

~ Gary M. Douglas ~

Verzauberter Wald, verzauberte Erde

Im Alter von zwanzig Jahren besuchte ich Neuseeland zum ersten Mal. Gary gab dort gerade einen zehntägigen Intensivkurs. Wir waren an einem Ort, der Rotorua hieß, etwa drei Stunden südlich von Auckland.

Rotorua ist bekannt für seine schwefelhaltigen, geothermischen, unterirdischen Aktivitäten. Am ersten Tag, an dem ich da war, lief ich durch einen Fluss und stell dir vor: Er war heiß!

Das Grundstück, auf dem der Kurs abgehalten wurde, war ein monumentales, traumhaft schönes Stück Land. Ein Großteil war gerodet worden, damit Schafe dort weiden konnten. Also gab es viele schimmernde, grüne sanfte Hügel, eingefasst von dunkelgrünem dichtem Wald. Von einem dieser riesigen Hügel wand sich ein Pfad durch einen dem "Herrn der Ringe" entsprungenen Wald hinunter zu einem verzauberten jade-farbenen See.

Am ersten Tag, als ich diesen Pfad entdeckte, ging ich ihn nicht entlang. Ich marschierte zum Waldrand, um dann, ohne zu wissen weshalb, umzukehren und andere Teile des Grundstücks zu erkunden. An diesem Tag fand ich eine Seilrutsche. (In Australien und Neuseeland nennt man eine Seilrutsche einen "fliegenden Fuchs". Das ist ein starkes Kabel, das von einem höheren zu einem niedrigeren Punkt gespannt ist und mit einem Flaschenzug und einem Griff versehen ist, mit dem man dahin sausen kann.) Ich verbrachte den Großteil des Nachmittags damit, zum Gipfel des Hügels zu laufen, so schnell ich konnte, mit angezogenen Knien runter zu sausen und wieder hoch zu rennen, um das Ganze zu wiederholen. Ich liebe Neuseeland.

Auch am zweiten und dritten Tag kam ich zu dem Pfad und wieder ging ich nicht in den Wald hinein. Am vierten Tag wurde es brütend heiß und ich dachte: "Ich muss an diesen See gehen und schwimmen."

Als ich am Waldrand stand und ihn betrachtete, hatte ich ein ganz seltsames Gefühl, aber ich wusste nicht wirklich, was es war. Ich setzte mich einfach in Bewegung und betrat den Waldrand.

Sobald ich unter den Bäumen war, verdunkelte sich das strahlende Morgenlicht zu einem grünen, fast funkelnden Dunst-Schleier. Die Bäume waren breit, groß und ineinander verwachsen. Der Waldboden war mit einem dichten Farnteppich bedeckt. Einige der Farne ragten über mich empor und an den Baumstämmen wuchs leuchtend grünes Moos. Die Rufe der Vögel zogen mich tiefer in den Wald hinein und als ich immer weiter hinab ging, begann ich etwas zu hören, von dem ich schwören kann, dass es Lachen war. Es kam mir vor, als ob blinkende Lichter zwischen den Ästen der Bäume schwebten.

Aus dem Augenwinkel sah ich etwas funkeln, aber als ich mich umdrehte, konnte ich dort nichts sehen. Irgendetwas flitzte gerade so außerhalb meines Gesichtsfelds über den Pfad. Zunächst dachte ich, ich würde einfach über die Steine stolpern, aber dann fühlte es sich so an, als würde mir jemand ein Bein stellen.

Ich rief, es solle damit aufhören, ohne zu wissen, was ich da ansprach und es hörte auf.

Ich ging weiter den Pfad hinunter und kam schließlich an einen großen hellgrünen See, der an den meisten Seiten von hohen, blanken Felswänden umgeben war. Ich konnte bis zur anderen Seite des Gewässers sehen, aber das war sehr weit entfernt. Ich stand da und sog die heiße Morgensonne und den majestätischen Anblick dieses ruhigen, unberührten, lebendigen Ortes in mich auf. Ich streifte meine Schuhe ab und stand mit meinen Zehen am Wasserrand.

Es war sehr heiß, obwohl es noch früh am Morgen war und mir war wirklich daran gelegen, meinen Körper in das kühle Wasser zu tauchen, aber irgendetwas bewahrte mich davor, in den See hinein zu gehen. Das Licht, das sich in dem gekräuselten Wasser funkelnd widerspiegelte, schien mir etwas zu sagen. Es war nichts kognitives, aber es machte sich mir verständlich. Die Geister im Wasser wollten nicht, dass ich hinein ging. Ich dachte zu dem Zeitpunkt nicht bewusst: "Oh, die Geister in diesem See möchten nicht, dass ich hineingehe." Ich wusste einfach, ich würde nicht in das Wasser gehen. Das Wasser war wunderschön, aber irgendetwas daran war auch unheimlich und seltsam.

Also drehte ich mich einfach um und ging den Weg zurück, um zu duschen und zum Kurs zu gehen.

Auf meinem Weg zurück ertappte ich mich dabei, wie ich stehen blieb, um die Energie um die Bäume herum zu betrachten und dieses faszinierende Etwas, das durch die Blätter drang.

Damals war ich zwanzig und hatte gerade die Jahre hinter mir zurück gelassen, in denen ich versucht hatte, mir dieser Art von Dingen nicht bewusst zu sein. Ich war mir dessen nicht vollständig bewusst, worin ich da in diesem Wald in Neuseeland an einem heißen Sommermorgen im Jahr 2000 eingeweiht wurde.

Irgendetwas drang langsam zu mir durch. Irgendetwas in mir erwachte langsam und veränderte mich.

Meine Finger fingen an zu kribbeln und zu zittern und mein Kopf war ganz leicht. Meine Sicht begann sich zu verzerren und zu wackeln. Ich setzte mich auf den Pfad und musste meine Handflächen flach auf die Erde legen und da begannen die Stimmen der Geister in den Bäumen zu mir durch zu dringen. Sie lachten und kicherten und kitzelten mein Gesicht.

Wenn ich es nicht besser gewusst hätte, hätte ich gedacht, ich sei auf Drogen – aber dies war real, es passierte wirklich. Ich konnte nicht ganz genau ausmachen, was sie sagten, aber die Wesen dieses naturbelassenen Ortes griffen in mein Leben ein, um mich zu heilen, mich zu verändern und mir eine andere Möglichkeit aufzuzeigen. Du kannst sie Feen nennen, du kannst sie Baumnymphen nennen, egal wie du sie nennst, dieser Ort war voller Geister. Keine menschlichen Geister, sondern leichtere, strahlendere, klarere funkelnde Geister.

Ich begann einen Einblick in eine andere Dimension zu bekommen, in der mein Verstand keine Aufgabe hatte und ich begann, mich zu fürchten. Sobald die Angst da war, hörte alles Lachen und Funkeln auf und ich wusste, ich hatte es zum Aufhören gebracht. Ich ärgerte mich über mich selber, weil ich die herrlichen Gefühle, die durch mich hindurch gegangen waren, verloren hatte und gleichzeitig war mir nicht klar, wohin ich unterwegs war und ob ich dort sicher sein würde. Ich wusste nicht, wie ich loslassen und an diesen magischen Ort gehen und gleichzeitig bei Verstand bleiben sollte.

Und dann fiel es mir wie Schuppen von den Augen. Ich erinnerte mich an ein Mal, als ich achtzehn war und zwei meiner Freunde und ich in die Berge von Santa Barbara hoch gingen, um Magic Mushrooms zu essen. Ich erinnerte mich an das Loslassen in dieser Zeit und das zutiefst empfundene Einssein mit der Natur, zu denen die Droge mir den Zugang gegeben hatte.

Dies war in der Tat das erste Mal seit meiner Kindheit gewesen, dass ich sah und wusste, es gibt Geister im Wasser und in der Natur.

Meine Freunde und ich fanden einen Platz neben einem Bach mit großen Felsen, auf denen man sitzen konnte, und ich verbrachte die meiste Zeit des Tages damit, neben einem Becken zu hocken, der sich in einer tiefen Windung des Bachs gebildet hatte. Ich konnte nichts anderes tun, als das Wasser anzustarren und anzustarren und zu sagen: "Könnt Ihr das sehen? Könnt Ihr das sehen?", aber niemand hörte mich. Meine Freunde waren weg, um auf Bäume zu klettern. Die Geister in dem Bach an diesem Tag in Santa Barbara riefen etwas wach, was ich nie zuvor gespürt hatte. Das war diese Empfindung, alles schon immer und überall von allem zu wissen. Das war eine tiefe Empfindung von Ganzheit und Frieden, die keine Gefühle oder Gedanken kannte, nur unendlichen wundervollen Raum. Ich konnte mich nicht entschließen, ob es erschreckend oder faszinierend war, die Geister im Wasser zu sehen und zu spüren. Ich war wie hypnotisiert, unfähig wegzulaufen oder in das Wasser hinein zu gehen. Ich saß einfach nur auf der Erde und in den Blättern beim Bach und ging in meinem Bewusstsein immer tiefer und tiefer in das dunkle Wasser hinein, wobei mein Verstand buchstäblich weggepustet wurde.

Nachdem die Sonne untergegangen war und die Wirkung der Pilze nachgelassen hatte, vergaß ich alles über diese Wassergeister, bis ich auf dem Boden in diesem Wald in Neuseeland saß.

Ich erinnerte mich an all das und es war, als ob ich hier für dieses ganz tiefe Einssein mit der Natur geöffnet wurde, ohne die Drogen. Mutter Erde zeigte mir ihre Magie und ihre kleinen kraftvollen Wesen kamen hervor, um mich zu begrüßen. Sie schienen zu wissen, dass ich bereit war — nur ich war mir da nicht so sicher.

Ich ließ mich wieder in diese funkelnde Energie hinein fallen und das Nächste, an das ich mich erinnere, war, wund und nass auf dem Waldboden aufzuwachen. Ich wusste für eine Weile nicht, wo ich war und es erschien mir wie eine Ewigkeit, bevor ich wieder zu mir kam. Mein Kopf war benebelt und ich hatte einfach keine Lust aufzustehen.

Als ich da so benommen saß, fing ich an zu bemerken, wie ein seltsamer Schimmer von den Pflanzen um mich herum ausging. Und dann machte mich irgendetwas darauf aufmerksam, dass es dunkel wurde und ich vielleicht aufstehen sollte, bevor das ganze Licht weg wäre. Ich rappelte mich auf und ging langsam wieder den Waldweg hinauf.

Als ich zum Waldrand kam, blieb ich einen Moment stehen, ohne zu wissen, ob ich in das Land der Menschen zurückkehren wollte. Es fühlte sich an, als ob ich gezwungen würde, zurück zu den Menschen zu gehen und ich hatte einen starken Widerwillen dagegen, aber ich wusste auch, ich konnte nicht bei den Bäumen bleiben. Ich wusste, dies war nicht mein Platz.

Als ich aus dem Wald heraus trat, bemerkte ich, dass nicht nur die Pflanzen in dem Wald schimmerten, sondern auch das Gras und sogar die Gebäude dieses Ortes, die weit entfernt standen, hatten ein leichtes schillerndes Leuchten an sich.

Es dauerte etwa zehn Tage, bis das Schimmern verschwand, und danach leuchteten nur die Bäume, Pflanzen und Blumen, und natürlich manchmal bewusste Leute.

Am Ende dieser Reise schenkte mir Gary eine aus Knochen geschnitzte Kette, die zur Hälfte aus einem Drachen und zur Hälfte aus einem Fischwesen bestand. Ich fragte ihn, was das sei und er erklärte mir, die Maori nennen es Taniwha, ein Wassergeist. Ich dachte: "Oh, das muss das im See gewesen sein."

So viele indigene Kulturen glauben nicht nur daran, dass es Geister im Wasser gibt, sie glauben auch an die Geister ihrer Vorfahren.

Die Bewohner von Bali zum Beispiel glauben, dass böse Geister im Wasser leben. Ich würde nicht so weit gehen zu sagen, Wassergeister seien böse. Sie sind einfach sehr tief und dunkel und die Menschen werden von so etwas eher abgestoßen. Für diese Leute ist es gesunder Menschenverstand, dass es Geister in der Welt gibt.

Zu Shakespeares Zeiten war allgemein bekannt, dass Geister ein Teil von jedermanns täglichem Leben sind und diejenigen, die Geister verspotteten, galten als töricht.

Ich bin immer wieder erschüttert darüber, wo wir als Gesellschaft im Hinblick auf die Geisterwelt hingeraten sind. Ich glaube, wir werden eines Tages auf diese Zeit zurück schauen und sagen: "Erinnert Ihr euch, als die Leute nicht an Geister glaubten?", genauso wie wir heute sagen: "Erinnert Ihr euch, als man glaubte, die Erde sei eine Scheibe?"

Der Vater eines Freundes kommt zu Besuch

Der Übergang vom Leugnen hin zum vollständigen Schwingen des Schwertes meiner Wahrnehmung, war ein wenig hart, etwa wie eine Bergbesteigung. Der Weg nach oben ist beschwerlich, aber du weißt, wenn du erst mal oben bist, wird es dir echt gefallen. Der erste Schritt bestand darin, überhaupt anzuerkennen, dass es einen Berg gab. Der zweite Schritt war, den besten Aufstiegsweg herauszufinden. Der dritte bestand darin, einfach weiter zu gehen, sobald ich angefangen hatte. Herunter zu schauen oder zurück zu gehen kam für mich nicht in Frage. Selbst wenn der Pfad zu steil schien und die Vorstellung, weiter zu gehen unerträglich wurde, wusste ich, zurück zu gehen würde unendlich langweiliger und weniger befriedigend sein, als einfach weiter zu machen.

Ich fand sehr viel mehr Frieden, als ich in meine Zwanziger kam.

Damals traf ich meinen ersten Freund. Er arbeitete als Zimmermann auf einer Baustelle zusammen mit dem Typ, mit dem ich mir meine Wohnung teilte. Tom war mein Mitbewohner und Elektriker. Tom machte auch Access und er lud Kevin, der bald mein Freund werden sollte, zu einer Bars-Sitzung ein. Wie es der Zufall und das Universum wollten, hatte Tom das "vergessen" und war in Los Angeles, als Kevin an die Tür klopfte.

Kevin klopfte, ich machte auf und der Rest ist Geschichte.

Kevin war mein erster echter Freund und er brachte viele neue Dinge in mein Leben, genauso wie ich in seines. Er lebte auf einem Boot im Hafen, was für mich ganz neu war und ich fand das großartig. Er brachte mir Segeln bei und Tarotkarten legen, was ich noch nie vorher gemacht hatte, ob Ihr es glaubt oder nicht.

Eines Nachts, als Kevin und ich uns gerade schlafen legten, bemerkte ich die mächtige Präsenz eines Wesens, neben dem Bett stehen. Es war wie eine riesige Säule an Intensität, die auf mich herab starrte. Ich konnte seiner Anwesenheit nicht wirklich ausweichen oder leugnen, weil sie so stark war. Hätte ich es früher noch ignorieren können, war das diesmal nicht möglich. Es machte mir Angst, also versuchte ich es aufzulösen, indem ich einige Werkzeuge benutzte, die ich bei Access gelernt hatte.

Diese Werkzeuge waren normalerweise sehr effektiv, aber in diesem Fall hatten sie keinen Erfolg. Ich machte weiter mit dem Clearing (Anm. d. Ü.: ein Access-Werkzeug, mit dem Energien geklärt werden können) und hoffte, das Wesen würde gehen, aber es stand immer noch genauso gewichtig da wie vorher und starrte mich einfach nur an.

Ich ging dann dazu über, das Wesen zu fragen, was er (denn mir war klar, dass es eine männliche Wesenheit war) von mir wollte und bekam immer noch keine Antwort, die ich entschlüsseln konnte.

Ich fragte ihn immer weiter, was er hier mache, aber es brachte nichts, ich bekam keine Antwort.

Schließlich gab ich aus lauter Frust und Müdigkeit auf. Ich schlief einfach ein, während dieses Wesen neben dem Bett stand. Ich bat Kevin auf der Seite zu schlafen, wo das Wesen stand, ohne ihm zu erklären, warum ich die Seiten tauschen wollte.

Am nächsten Abend gingen wir schlafen und da war wieder diese Gegenwart, durchbohrte mich förmlich mit Blicken und verlangte meine Aufmerksamkeit. Also wiederholte ich den ganzen Zirkus mit dem Clearing und den Fragen, was er wolle, ohne Ergebnis, also schlief ich wieder ein.

Am dritten Abend, als wir uns schlafen legten, war die Wesenheit wieder da und zu diesem Zeitpunkt war ich so über die Maßen frustriert, dass ich mich entschied, es Kevin gegenüber zu erwähnen.

Ich erzählte ihm, so gut ich konnte, von diesem Wesen, das neben dem Bett stand.

Ich erwähnte, ich habe versucht, es durch Clearings aufzulösen, was mir jedoch nicht gelungen sei. Ich erzählte Kevin, ich könne nicht heraus bekommen, was das Wesen mir zu sagen versuchte und dann fragte Kevin: "Will er denn mit dir sprechen?" Und da war auf einmal alles sonnenklar!

Ich hatte die falsche Frage gestellt. Dieses Wesen wollte nicht mit mir sprechen. Es wollte mit Kevin sprechen, klar doch! Und ich würde das Ganze erleichtern und ermöglichen.

Ich war skeptisch, wollte es aber ausprobieren und schauen, was passiert. Ich versuchte, nach besten Kräften meine Sichtweisen da heraus zu halten und nur als Sprachrohr dafür zu fungieren, was auch immer durchkommen würde.

Ich wusste nicht, wie Kevin das auffassen würde, aber ich musste das Risiko eingehen und schauen, ob da etwas dran war.

Ich schaute Kevin zweifelnd an und fragte ihn, ob das wirklich passierte? Er lächelte beinahe triumphierend und sagte: "Zum Teufel, ja! Ja und wie!", mit einer Mischung aus Eifer und Stolz auf mich. Es war eine absolute Überraschung für mich, dass er ganz

Feuer und Flamme war, mich diese Fähigkeit ausüben zu sehen. Mir wurde klar, dies war nichts, wofür man sich schämen musste, sondern etwas, woran andere Menschen Interesse hatten. Dies war die erste von vielen Begegnungen, die mich weiter ermutigen würden, anderen zu zeigen, was ich sah und das Sprachrohr für jene zu sein, die nicht gehört wurden.

Ich sagte: "Dein Vater ist jetzt hier. Er sagt, es tue ihm leid." Ich sprach so schnell wie möglich, da ich nicht wollte, dass mein Verstand dazwischen funkte.

Bei diesen einfachen Worten begann Kevin zu weinen. Das überraschte uns beide, denn keiner von uns hatte diese emotionale Reaktion erwartet. Ich machte schnell weiter, da ich den Moment ausnutzen wollte, solange wir beide noch dazu bereit waren. Kevins Vater sagte weiter, er sei stolz auf ihn und es tue ihm leid, dass er nie in seinem Leben für ihn da gewesen sei.

Dies war eine einfache Nachricht, aber sie reichte. Kevin zerfloss in Tränen.

Das war eine neue Entwicklung. Ich hätte all dies einfach als etwas abtun können, was ich mir selbst ausgedacht hatte, aber die unerwartete und unkontrollierte emotionale Reaktion von Kevin, war genau die Bestätigung, die ich brauchte.

Kevin und sein Vater hatten kein gutes Verhältnis gehabt, solange sein Vater lebte. Er war ein ausfallender und starrköpfiger Mann gewesen, über den Kevin wenig sprach, aber er hegte immer noch einen heimlichen Groll gegen ihn. Kevin war ein hochqualifizierter Zimmermann und Segelbootbauer, der Spezialanfertigungen machte und in seinem Bereich für seine gute Arbeit und Kunstfertigkeit bekannt war. Sein Vater hatte niemals irgendein Interesse an seiner Arbeit bekundet und setzte alles daran, Kevin einen einfachen Arbeiter zu schimpfen.

Sie hatten sich in den Jahren vor dem Tod seines Vaters wenig gesehen und Kevin ging nicht zu seiner Beerdigung, als sein Vater schließlich verstarb.

Ich war bereits seit einem Jahr mit Kevin zusammen und hatte dies nie bei ihm entdeckt. Dies war ein anderer Mensch, jener Mensch, den er immer von sich selbst ferngehalten hatte. Er hatte seinen Vater mir gegenüber nur einige Male beiläufig erwähnt. Mir war nicht klar gewesen, welchen Einfluss sein Vater auf ihn hatte oder dass er all diese Gefühle zurückhielt.

Sein Vater ließ auch durchblicken, es tue ihm leid, wie er Kevins Mutter behandelt hatte und bat Kevin um Vergebung.

Dieser Vorfall war für uns alle ein Geschenk. Kevins Vater half mir, indem er so hartnäckig war und sich weigerte weg zu gehen, als ich nicht verstehen konnte, was er wollte. Dies lehrte mich, dass Entitäten manchmal zu uns kommen, weil sie möchten, dass wir jemandem eine Nachricht übermitteln.

Irgendwie waren es noch nicht einmal die Worte, die ich sagte, sondern die Energie, die hoch kam, die die größte Wirkung hatte. Ich konnte sehen, dass sehr viel Heilung sowohl für Kevin als auch für seinen Vater stattfand.

Hier erkannte ich zum ersten Mal, wie das Ermöglichen einer Kommunikation zwischen den Verstorbenen und den Lebenden beide Seiten heilen und transformieren kann.

Ich hatte immer gewusst, dass die Lebenden von den Toten viel empfangen können, aber mir war nie klar gewesen, wie viel die Toten von den Lebenden empfangen können.

Kevins Vergebung ermöglichte es seinem Vater zu heilen und weiter zu gehen.

Was würde es brauchen, damit die Menschen noch während ihres Lebens erkennen, was ihnen wichtig ist, anstatt erst nach ihrem Tode?

Ich dachte mir einen kleinen Trick aus, um mich dazu zu bringen, das anzuschauen, was mir wirklich wichtig ist — in jedem Moment meines Lebens.

Ich stelle mir heute vor, es sei der letzte Tag meines Lebens. Ich stelle mir vor, dass ich bei Tagesanbruch des nächsten Tages tot sein werde und wenn ich es wirklich schaffe, mich in diese Fantasie hinein zu versetzen, beginnen die Dinge, die mir wirklich etwas bedeuten, an die Oberfläche zu treten.

Die Dinge, an denen ich festhalte und über die ich mich aufrege, werden in diesem größeren Rahmen unwichtig.

Mir wird dann klar, der Streit, den ich mit meiner Schwester hatte, war eigentlich gar nicht so wichtig, egal wie sehr ich dachte, Recht zu haben. Mir wird klar, dass das, was wirklich zählt, nicht ist, ob ein Typ mich zurück ruft oder ich genug Geld habe oder mein Hintern zu fett ist. Es ist die Liebe für jeden und für mich selbst, die mir wirklich wichtig ist und diejenigen, die ich liebe, wissen zu lassen, dass ich sie liebe.

Die Nachricht, die meistens bei den Geistern durchkommt, ist die der Liebe und der Vergebung. Häufig möchten sie einfach sicher gehen, dass eine bestimmte Person weiß, sie lieben sie oder sie wollen sich für etwas entschuldigen, was sie in ihrer vorherigen Verkörperung getan haben. Die Nachricht ist häufig so einfach und es kommt sehr viel häufiger vor, als ich jemals geahnt oder erwartet hätte.

Durch diese "Aufgabe", ein Medium zu sein, habe ich erfahren, dass die meisten (nicht alle) Menschen nicht darüber glücklich sind, wie sie ihr Leben gelebt haben und häufig zurück kommen, um zu versuchen, das wieder in Ordnung zu bringen oder zu heilen, was ihrer Meinung nach noch ungelöst ist.

Also rufe ich die Menschen an, mit denen ich gestritten habe und sage ihnen, es tue mir leid und lasse selbst allen Ärger los. Ich lasse Liebe zu allen Menschen in meinem Leben strömen, die ich möglicherweise nicht habe wissen lassen, wie viel sie mir bedeuten. Ich zerstöre alle Urteile über das Richtig und Falsch in meinem Leben oder darüber, was ich meine, dass andere Menschen mir bedeutet oder angetan haben.

Ich übernehme volle Verantwortung für mein Leben und meine Gefühle.

Der Tod ist die letzte Herausforderung. Er bringt uns dazu, uns dem zu stellen, was wir unser ganzes Leben lang vermieden haben anzuschauen. Er macht dir klar: Es gibt keine Zeit mehr zu verschwenden und dir steht eine große Veränderung bevor. Du erreichst das äußerste Ende der Realität, wie du sie kennst. Warum sollten wir nicht an dieser äußersten Schwelle leben, um in unserem Leben wach zu bleiben? Durch diese Übung nehme ich mein Leben nicht als etwas Selbstverständliches hin. Mir ist klar, ich habe diese Verkörperung, um diese Welt zu genießen, und die Realität ihrer Vergänglichkeit ist für mich sehr real.

Das funktioniert in der Regel für eine Weile, bis mir klar wird, ich war wieder mal nicht im Hier und Jetzt und ich mache die Übung wieder.

Wenn ich gehe, möchte ich nicht hier feststecken, weil ich noch Sachen zu erledigen habe.

Ein Abend in New Orleans

Kevins Interesse an Access wurde immer größer. Also schlug er vor, quer über den Kontinent nach Florida zu fahren, wo mein Stiefvater gerade einen Kurs im Panhandle gab (Anm. d. Ü.: der obere Nordwestausläufer des Bundesstaates, der aufgrund seiner Form als "Panhandle", also "Pfannengriff", bezeichnet wird). Er sagte, wir könnten seinen Transporter nehmen, im Freien schlafen und Freunde und Verwandte auf dem Weg besuchen. Das hörte sich toll für mich an. Ich war noch nie quer durch die Vereinigten Staaten gefahren und war abenteuerlustig.

Ich liebte diese Fahrt, ich liebte es zu beobachten, wie die Landschaft Südkaliforniens langsam den trocken, flachen Wüsten Arizonas und New Mexicos wich. Texas stellte sich als eher enttäuschend heraus, keine Staatsgrenzen, die einem anzeigen, dass man weiter gekommen ist, nur die Straße und der Himmel, die sich ins Unendliche erstrecken.

Wir fuhren einen 1985-er VW-Bus ohne Stereo- und Klimaanlage. Selbst wenn wir ein Radio gehabt hätten, wäre es über das Dröhnen des Motors und das Geräusch der Straße hinweg, schwierig zu hören gewesen. Um die Zeit zu verkürzen, hörte ich mir die "Autobiographie eines Yogi" und "Gespräche mit Gott" auf meinem Walkman an, während ich die Landschaft betrachtete. Die Bücher waren lang und unterhaltsam genug, um über die ganze Strecke quer durchs Land zu reichen und interessant mit ihren Wundern und spirituellen Philosophien aus einer anderen Welt.

Als wir den Osten von Texas erreichten, traf uns die Feuchtigkeit wie eine Wand und wir waren reif für eine Pause. Welcher Ort, dachten wir, wäre besser für eine Rast als New Orleans, wo Verwandte von Kevin lebten.

Ich war noch nie in diesem Teil der Vereinigten Staaten gewesen und hatte keine Vorstellung, was mich erwartete. Woran denken die meisten Leute, wenn sie an den Süden denken?

Denken sie an das gespenstische Spanish Moss (auch Louisiana-moos oder Dschungelmoos genannt, eine Kletterplanze, die von der Feuchtigkeit in der umgebenden Luft lebt), das von den großen majestätischen Eichen der Region herunter wallt, oder an Pfirsich-kuchen, gekochtes Hühnchen und Eistee?

Ich dachte an die untadelige Gastfreundschaft des Südens, auf-getürmtes Haar, große Hüte, dicke Bäuche und ausgeprägten Ras-sismus. Natürlich hatte ich die Erzählungen über Sklaverei und Rassismus nur gehört. Das stand alles in den Geschichtsbüchern. Ich hatte niemals wirklich jemanden getroffen, der uncool genug war, um ein Rassist zu sein. Ich weiß, das lässt darauf schließen, dass ich ein recht behütetes Leben hatte. Behütet vor den schrecklichen Unzulänglichkeiten der Menschen, jedoch nicht vor außergewöhn-lichen, übernatürlichen Erfahrungen jenseits unserer fünf Sinne – paradox, ich weiß.

Dies wird sehr ungehobelt klingen, aber ich muss zugeben, ich bin den schwarzen Sklaven, die nach Amerika kamen, sehr dank-bar. Die Sklaverei war einfach grauenvoll und was bei der ganzen Sache heraus kam, ist meiner Meinung nach erstaunlich. Wären Afrikaner nicht als Sklaven herüber gebracht worden, hätten wir dann Jazz, Blues, Soul, Hip Hop oder Rock & Roll? Es liegt jenseits meiner Vorstellungskraft, warum jemand sich dermaßen anstrengen sollte, um eine andere Person zu kontrollieren—ich meine, wer ist da wirklich der Sklave? Wie kann man so etwas überhaupt tun? Es liegt absolut jenseits meines Verständnisses, aber ich verstehe auch nicht, warum man einen Wald abholzen sollte oder ein Tier töten, ganz zu schweigen davon, jemandem zu zwingen, geringer als man selbst zu sein. Nichtsdestotrotz ist es nicht cool, was diese Afrikaner hervor gebracht haben?

Danke, danke, danke!

Als wir in die Nähe von Houston kamen, war es mitten in der Nacht. Wir hielten in der Nähe des Stadtzentrums an, um zu tanken, weil die I-10 (die Autobahn, die direkt vom Süden Kaliforniens bis nach Florida führt, direkt durch den Bauch von Texas) mitten durch Houston geht. Wir hielten an und machten den Motor aus. Meine Ohren summten vom ständigen Straßengeräusch und ich war dankbar für eine kleine Pause. Die Hitze war wegen der Feuchtigkeit fast unerträglich. Ich erinnere mich daran, von dem städtischen Verfall der Stadt fasziniert zu sein. Die Bürgersteige waren verwittert und uneben, von Pflanzen durchbrochen, die sich hier und dort den Weg durch den Asphalt nach oben gesucht hatten. Einige der Häuser waren verfallen und verwahrlost. Houston ist eine sehr wohlhabende Stadt, aber dennoch eine Stadt. Santa Barbara ist ein Strandort, der eher an einen Kurort erinnert als an einen echten Ort, in dem Menschen leben. An der Oberfläche ist Santa Barbara perfekt, durch die Seele Houstons jedoch, lernte ich spät nachts mitten im Sommer mehr über die Welt.

Aufgrund der enormen fast überirdischen Bauaktivität, die 1999 um das Stadtzentrum herum stattfand, verbrachten wir die nächste Stunde damit herauszufinden, wie wir zurück auf den Highway Richtung Osten kommen könnten. Der Baustellenbereich sah für mich aus, wie das Innere eines Raumschiffs in Alien. Er war komplett dunkel, mit Drähten und Kabeln überall und aufgebrochenem Zement, der die Unterseite der Infrastruktur der Stadt offenlegte. Da waren Gitter, aus denen Dampf waberte und endlose Kurven, die zu weiteren schlecht platzierten Schildern führten, die uns immer in die falsche Richtung führten. Wenn ich es nicht besser wüsste, hätte ich einfach gedacht, dies wäre wirklich schlechte Stadtplanung. Aber ich erinnere mich daran, wie ich mich fragte, was uns hier fest hielt. Gab es da etwas, das uns daran hinderte, zurück auf die Straße und nach New Orleans hinein zu gelangen?

Nach dem Ausflug nach New Orleans verstand ich die Nachricht überdeutlich, aber zu dem Zeitpunkt erschien dies alles wie eine Mischung aus reinem Zufall und einer großen unsichtbaren Hand, die versuchte uns in eine andere Richtung zu lenken. Mit sehr viel Mühe fanden wir schließlich unseren Weg auf die I-10 Richtung Osten.

Als wir durch die Nacht Richtung Louisiana fuhren, lichtete sich der Morgennebel, um die Oberfläche eines surrealen Planeten frei zu geben. Eine Sumpflandschaft, wie ich sie noch nie gesehen hatte. Der Highway in diesem Teil des Landes verläuft hoch gelagert quer über Hunderte von Meilen von Sumpf. Die bemoosten Bäume hatten eine unheimliche, mysteriöse Atmosphäre und ich konnte mir nur vorstellen, was unter der Oberfläche des braunen Wassers lag. Ich fragte mich, wie sich die ersten Einwohner in diesem ungastlichen Land niederließen, und warum sie sich überhaupt die Mühe machten.

Schließlich näherten wir uns New Orleans, fuhren von der I-10 ab und weiter Richtung Norden über die flache, scheinbar endlose Brücke des Lake Pontchartrain, auf dem Weg zum Haus unserer Freunde, um unsere Taschen abzuladen und uns frisch zu machen, bevor wir New Orleans erkundeten. Weder Kevin noch ich hatten in den letzten vier Tagen eine ganze Nacht Schlaf bekommen, wir hatten uns immer nur mit dem Fahren abgewechselt. Einer fuhr, während der andere ein bisschen schlief, oder wir waren beide wach, unterhielten uns und genossen die Freiheit der Straße. Wir hätten eine Nacht warten können und Schlaf aufholen, bevor wir genossen, was New Orleans zu bieten hatte – und im Nachhinein wäre das eine gute Idee gewesen – aber wir beschlossen Spaß zu haben, anstatt uns auszuruhen und machten uns auf den Weg in die Stadt.

Zehn Minuten, nachdem wir das Zentrum des French Quarter erreicht hatten, wurde mir klar, dies würde nicht so viel Spaß machen, wie ich ursprünglich gehofft hatte. Die Entitäten in der Stadt waren noch konzentrierter als die Feuchtigkeit. Ich versuchte vorzugeben, dies geschehe nicht, vor allem weil ich zu dem Zeitpunkt nicht wusste, wie ich mit so vielen Entitäten an einem Ort umgehen sollte – oder ob ich überhaupt versuchen sollte, etwas zu tun. Ich versuchte, das alles auszugrenzen und einfach mit allen anderen mitzuhalten. Ich hatte festgestellt, dass diese bewusste Weigerung manchmal funktionierte – auf eine Art. Allerdings hatte mir der gigantische lila Gorilla, den ich versuchte zu ignorieren, letztendlich schon so oft eine Kopfnuss verpasst, dass mir klar war, ich konnte zwischen zwei Dingen entscheiden: Entweder unter dem Druck zusammenbrechen oder mich ihm stellen, wie auch immer dieses "etwas" aussah oder sich anfühlte. Ich begann, mich dagegen zu wehren, mich auf vielfältige Weise verrückt zu fühlen. Das war eine eher neue Erfahrung für mich. Ich war nicht mehr von einer solch riesigen Menge an Entitäten umgeben gewesen, seit ich als kleines Mädchen in Großbritannien gewesen war und da hatte ich das längst vergessen. Ich versuchte, nicht so sehr darauf zu achten. Ich schob das Gefühl beiseite und versuchte mich zu vergnügen, aber ich fühlte mich immer unwohler.

Als wir durch die Kopfsteinstraßen liefen, war ich überrascht, vor den Wänden Entitäten in drei Reihen hintereinander stehen zu sehen, wohin ich auch sah. Es gab mehr Entitäten in New Orleans als Leute. Ich fragte mich, wie das möglich war, also leugnete ich es weiter. Ich hatte keine Vorstellung davon, dass es so etwas geben könnte.

Ich traf außerdem auf eine Energie, die ich nie zuvor erlebt hatte. Es war, als ob ich die Sprache nicht spreche. Nahm ich hier etwas auf oder stellte ich mir das nur vor? Passierte hier etwas Gespenstisches oder dachte ich mir das nur aus? Ich war hin und her gerissen, dazwischen zu versuchen, aus dem Ganzen schlau zu werden und zu denken, ich werde verrückt. Je länger wir durch die Stadt liefen, begann ich zwei und zwei zusammen zu zählen. Nachdem ich den fünften unheimlichen Voodoo-Laden gesehen hatte, wurde mir klar, was ich mir zuvor nicht hatte klar machen wollen. Die Geister in den Straßen von New Orleans kannten Voodoo und sie sprachen eine Sprache, die ich nicht verstand.

Später erfuhr ich, dass die Afrikaner, die als Sklaven nach Amerika gebracht wurden, ihre Religion mitbrachten - Voodoo. Voodoo bedeutet wörtlich Geist. Ich erfuhr, dass Voodoo eine friedliche Landreligion war, die aufgrund der extremen Grausamkeit und Unterdrückung des Sklavenhandels aggressiv wurde, sogar gewalttätig. Die weißen Sklavenbesitzer dachten, diese Naturreligion sei Hexenwerk und verbaten sie, wodurch sie ihre Anhänger dazu zwangen, sie im Geheimen auszuüben und die Gesichter und Namen ihrer Geistergötter durch europäische katholische Heilige zu ersetzen.

Voodoo-Anhänger rufen die Geister, um ihre Magie und Hilfe an. Willkommen im Süden!

Ursprünglich waren die Afrikaner, die als Sklaven hierher gebracht wurden, sehr im Einklang mit der Geisterwelt, da man sie nie gelehrt hatte, sie existiere nicht. Ganz im Gegenteil, sie wurden dazu ermutigt, mit ihren verstorbenen Vorfahren verbunden zu sein. Sie wurden dazu erzogen, an die Geister zu glauben und um ihre Hilfe zu bitten.

Die Leute in der Stadt liefen fröhlich herum und waren blind gegenüber den Geistern, von denen es um sie herum nur so wimmelte.

Wie ich zuvor erwähnt hatte, standen die Entitäten in drei Reihen entlang der Wände der Stadt. Die vorderste Reihe der Entitäten an den Mauern bestand nur aus Männern. Sie standen zur Straße ausgerichtet mit leeren Augen und Mündern, die innen dunkel waren. Sie trugen scheinbar eher zu einer Massenäußerung bei, als dass sie eine eigene individuelle Mitteilung hatten. Es klang wie das Summen von Tausenden von Insekten.

Hinter den Männern standen die Frauen. Ihre Augen waren präsenter. Sie sahen, was sie anschauten. Sie waren diejenigen, die für die Kommunikation sorgten, wenn man das so nennen kann. Ich konnte einzelne Gedanken ausmachen, die von den Frauen kamen. Dahinter war eine zusätzliche Kraft mit einer undefinierbaren Energie. Sie war nicht menschlich und ziemlich dunkel. Sie hatte keine herausragende eigene Form, aber ihre Präsenz war greifbar.

Erst später wurde mir klar, dass möglicherweise die Frauen hinter den Männern standen, weil Voodoo eine matriarchale Gesellschaft hervorbrachte. Die Männer bewachten die Frauen, und die Frauen bewachten diese Energie hinter sich. Ich glaube was sie hinter sich verbargen, war die "wahre" Magie ihrer Religion, das, was die Afrikaner nach Amerika gebracht hatten und aus Angst vor Bestrafung versteckt werden musste. Deshalb war es vielleicht so dunkel hinter ihnen. Sie hüllten es in Dunkelheit ein, damit niemand es sehen konnte. Außerdem schauen die Menschen meistens von Dingen weg, die "dunkel" sind; welchen besseren Ort als die Dunkelheit gab es also, um etwas zu verstecken, das einem wertvoll ist?

Inzwischen versuchte ich immer noch, so klar ich dies auch vor meinem geistigen Auge sehen konnte, es weg zu rationalisieren, indem ich es einfach ignorierte. Das war einfach zu viel, um wahr zu sein, doch je länger die Nacht dauerte und je mehr ich mich in den Schatten verlor, umso mehr begann ich, widerwillig die Realität anzuerkennen — dies geschah wirklich.

Zu diesem Zeitpunkt konnte ich nur noch ein Flüstern des Protests hervorbringen und darum bitten, "bitte jetzt" zu gehen. Mein Verstand war verwirrt und vernebelt und ich war sehr aufgewühlt. Ich wollte bleiben und die neuen Anblicke und Geräusche dieser berühmten Stadt genießen, aber meine Knie zitterten und mir schien, ich war kurz davor, meinen Verstand zu verlieren.

Schließlich war ich in der Lage, Kevin davon zu überzeugen, ich wolle wirklich früher gehen. Also war es an ihm, unseren Freunden zu sagen, wir würden gehen, weil ich mich nicht gut fühlte. Sie protestierten alle und fragten mich, warum es mir nicht gut gehe und ich konnte nur weinen. Da entschuldigte Kevin uns und führte mich zurück zum Minibus. Ich übertreibe nicht, ich war so wirr von all diesen Geistern, dass ich kaum noch sprechen konnte. Das machte keinen Spaß, war aber eine wunderbare Lernerfahrung.

Kevin schien wegen unseres plötzlichen Aufbruchs nicht enttäuscht zu sein. Er konnte sehen, dass ich kämpfte und er spürte auch die Dunkelheit, die in den Straßen lauerte.

Später erfuhr ich, dass es sogar Friedhofstouren und Touren der Toten in New Orleans gab. Die Geister werden dort verehrt und gefeiert. Kein Wunder, dass keiner von ihnen gehen wollte. Offensichtlich werden aufgrund der Sumpfstruktur des Landes, die Leichen in oberirdischen Grüften beerdigt. Einige dieser Friedhöfe erinnern an kleine Totenstädte. Auch ist es bekanntermaßen immer wieder vorgekommen, dass beerdigte Leichen während heftiger Regenfälle in der Stadt wieder an die Oberfläche gelangten. Wann immer gebaggert wird, findet man Leichen unter den Häusern in New Orleans. Krass! Kein Wunder, dass diese Stadt mir solche Angst machte.

Je mehr wir uns von der Stadt entfernten, umso mehr entspannte ich mich und fühlte mich wieder halbwegs wie ich selber. Ich war nicht in der Lage, Kevin zu erklären, was in mir in der Stadt vorgegangen war. Alles, was ich herausbrachte, war: "Ich hab mich einfach nicht gut gefühlt."

Es sollte noch Jahre dauern, bevor ich in der Lage war, mir diese Nacht ins Gedächtnis zu rufen und mich genau daran zu erinnern, was damals geschah. Ich habe es seither nicht fertig gebracht durch Louisiana zu fahren, aber ich frage mich ernsthaft, wie der Hurrikan "Katrina" die übernatürlichen Aktivitäten in New Orleans beeinflusst hat. Ich würde darauf wetten, diese Naturgewalt hat die meisten, wenn nicht gar alle, Geister geklärt.

Die Gewalt der Natur kann manchmal erschreckend sein und weit reichende Folgen haben, aber nicht so erschreckend und heftig wie das Unbewusstsein, das von Menschen erzeugt wird. Die Natur wird immer ein Gegengewicht zu uns bilden, ob uns das gefällt oder nicht.

Ganz ich selbst werden

Mit der Zeit fiel es mir immer leichter, offen mit den Geistern zu kommunizieren. Ich begann, voll und ganz zu akzeptieren, dass ich mir das alles nicht nur ausdachte. Ich begann auch, den Wert darin zu erkennen. Die Tatsache, dass dies ein wertvoller Beitrag war, wurde immer realer für mich, anstatt mir fürchterlich peinlich zu sein. Ich hörte auf, mich für einen Freak zu halten und begann, meine Fähigkeit zu begrüßen.

Es tauchten Menschen in meinem Leben auf, die mich um Sitzungen baten und anboten, mich dafür zu bezahlen. Ich dachte: "Ich kann ihr Geld nicht annehmen. Was, wenn ich es nicht gut mache?"

Die erste Frau, die auftauchte, hieß Lorain, eine kleine blonde Granate aus Tennessee, die einfach wusste, dass ich ihr das geben konnte, wonach sie suchte. Sie war sehr hartnäckig, also entschied ich mich, ihrem Wunsch nachzukommen, obwohl ich immer noch nervös war.

Das würde meine erste Sitzung gegen Geld sein, was noch mehr Druck auf mich ausübte.

Wir setzten uns hin und sie war ganz heiß darauf, mit einem Notizblock und einem Kassettenrekorder anzufangen. Ich saß da und versuchte, mich selbst davon zu überzeugen, dass ich nicht einfach irgendein dummes Kind war, das sich das alles ausdachte.

Ich zwang mich dazu, in Lorains Energiefeld hinein zu schauen, um zu sehen, was ich finden konnte und was sagt man dazu? Da waren ihr Vater und der Rest ihrer Familie. Ich dachte: "Himmel, wo soll ich bloß anfangen?"

Ich begann, ihr ihren Vater zu beschreiben, um sicher zu gehen, dass es wirklich er war und sie nahm all die Informationen nickend auf und sagte: "Ja, ja, genauso hat er ausgesehen."

Ich dachte: "Diese Dame ist verrückt, aber wenn sie verrückt ist, dann bin ich total durchgeknallt."

Sie wollte etwas über das Testament ihres Vaters erfahren und wo er all das angebliche Geld gelassen hatte, weil offensichtlich niemand in der Familie wusste, wo es ist und ich dachte: "Oh Mist... sie möchte Fakten! Was, wenn ich mich irre?". Woher sollte ich wissen, ob ich mir das ausdachte oder nicht? Und wenn ich mich irrte, würde das bedeuten, all das war nur Hokuspokus.

Irgendwie arbeitete ich mich durch alle meine Zweifel und Skepsis hindurch. Ich zwang mich dazu, an Orte in der Geisterwelt zu gehen, an denen ich noch nie gewesen war. Ich zwang mich dazu, wirklich das zu übersetzen, was ich wahrnahm, anstatt es wegzuschieben.

Ich begann, offen mit ihrem Vater zu kommunizieren. Ich musste ihn nach all den Informationen fragen, die Lorain wollte, und es war wie Zähne ziehen. Er gab mir diese Informationen nur widerstrebend, weil ich nicht zur Familie gehörte. Ich sagte: "Schau mal, Kumpel, ich versuche nur, deiner Tochter eine gute Sitzung zu verschaffen, kannst du mir hier bitte aushelfen?"

Er sagte: "Ja, ich kann es dir sagen, aber du musst Lorraine sagen, sie soll ihrer Mutter nichts davon erzählen."

Ich war überrascht, dass er mir Bedingungen stellte, das war interessant. Hier erkannte ich zum ersten Mal, dass die Geister mitbestimmen, was passiert. Wenn ein Geist irgendeine Information nicht preisgeben wollte, tat er das nicht, genau wie ein Mensch. Wenn jemand zu mir kam und mit einem bestimmten Toten sprechen wollte und dieser bestimmte Tote nicht kontaktiert werden wollte, konnte ich daran nichts ändern. Wenn du jemanden anrufst und derjenige will nicht mit dir reden, geht er nicht ans Telefon. Es sei denn, du kannst ihn austricksen, aber das ist eine andere Geschichte!

Ich sagte Lorain, ihr Vater habe einige Bedingungen dazu, ob er ihr die Informationen geben würde, die sie wollte, oder nicht. Sie lachte nur und sagte: "Natürlich hat er die!" Also machten wir weiter.

Er zeigte mir ein Bild von einem lang gestreckten Hof mit einigen hohen Bäumen und einem hohen alten Gebäude am anderen Ende. Das Bild von dem Hof huschte so schnell vorbei, dass ich es fast verpasste, aber ich hatte begonnen, den kaum wahrnehmbaren, schnellen Bildern, die ich empfing, zu vertrauen. Ich erwähnte den Hof gegenüber Lorain und sie sagte, das klang wie der Hinterhof ihres Vaters im Staat Washington. Ich bestätigte dies: "Ja, das scheint zu stimmen."

Dann fragte sie: "Was hat dieser Hinterhof damit zu tun?"

Ich sagte: "Ich glaube, er meint, das Geld sei dort."

Ihr fiel die Kinnlade runter. "Auf keinen Fall!"

"Nun, offensichtlich doch. Es ist neben einer großen Tanne."

"Ich habe das immer vermutet, aber ich kann es nicht glauben. Mein Vater wuchs während der Weltwirtschaftskrise auf und hat den Banken niemals getraut", sagte sie.

Ich hielt das für eines der lustigsten Dinge, die ich jemals gehört hatte, dass jemand sein Gold in seinem Hinterhof vergräbt. Von wegen den Banken nicht trauen…

Lorain erzählte mir, sie und ihr Bruder hätten versucht, ihre Mutter davon zu überzeugen, ihr Vater müsste so etwas getan haben, aber ihre Mutter weigerte sich gegen die Vorstellung. Ihre Mutter sagte: "Wie hätte er denn so etwas direkt unter meiner Nase machen können, ohne dass ich etwas davon mitbekommen hätte?" Aus Stolz verbot sie allen ihren Kindern, im Hinterhof herum zu graben.

Ich glaube, die Reaktion der Mutter war bedingt durch Gedanken, die Lorains Vater von jenseits des Grabes in ihren Kopf setzte. Er wollte nicht, dass sie den Schatz entdeckte. Lorains Vater schien eine Menge Bosheit gegenüber seiner Frau zu hegen und er versuchte, sie von jenseits des Grabes zu manipulieren, damit sie nicht fände, wovon er nicht wollte, dass sie es findet. Es war nicht meine Aufgabe, über die psychologischen Dimensionen der Beziehung von Lorains Mutter und Vater zu spekulieren. Ich versuchte nur, Lorains Fragen klar zu beantworten und das zu vermitteln, was ich für das Wichtigste hielt. Also ließ ich den Teil aus, in dem es darum ging, dass Lorains Vater ihre Mutter hasste.

Lorain war außer sich vor Freude über die Bestätigung, die ich ihr lieferte. Sie erzählte mir, sie könne es gar nicht abwarten, ihren Bruder anzurufen und ihn zum alten Familienhaus herüber zu holen und mit dem Graben zu beginnen. Ich gab mein Bestes zu beschreiben, wo im Hof ich meinte, dass es sei. Sie stand damals sofort auf, um anzurufen.

Ich dachte: "Mist, ich hoffe, ich habe Recht, aber wenn nicht, wäre das eine Erleichterung, denn dann könnte ich einfach all diesen Quatsch aufgeben und wieder versuchen, normal zu sein."

Pustekuchen. Einige Tage später rief mich Lorain zu Hause an, um mir mitzuteilen, sie seien auf Gold gestoßen. Ihr Bruder war sofort zu dem Haus gegangen und hatte angefangen, dort herum zu graben, wo ich gesagt hatte. Und da war es: Über eine Million Dollar in Goldmünzen und Scheinen. Ich dachte: "Heilige Scheiße, ich muss gleich heulen. Hab ich das gemacht? Auf keinen Fall!"

Ich war absolut geschockt und ein wenig ungläubig.

Unnötig zu erwähnen, dass Lorain vor Freude über ihren neuesten Fund übersprudelte. Und ich war auch recht zufrieden mit mir, nachdem der Schock nachgelassen hatte.

Das Komische an der ganzen Sache war, dass sich das alles vor meinen eigenen Augen abspielte und ich es immer noch nicht glauben konnte. Zum Glück bin ich süß, denn manchmal bin ich nicht besonders schlau.

Robin

Robin war eine Klientin meines Stiefvaters und mein Stiefvater verwies sie an mich zu einer Sitzung. Wir vereinbarten einen Telefontermin, weil sie in Texas war und ich in Kalifornien.

Robin begann damit, mir zu erzählen ihre Mutter sei sehr krank und liege im Sterben.

Sie sagte, ihre Mutter habe einigen Veränderungen in ihrem Testament zugestimmt und Robin hatte das Testament zum Unterzeichnen weggebracht, nachdem die Änderungen formuliert worden waren.

Nachdem sie morgens mit ihrer Mutter gesprochen hatte, ging Robin nachmittags wieder zurück zu ihrem Haus.

Stundenlange Diskussionen und Überzeugungsversuche endeten damit, dass Robin völlig verwirrt und ohne unterzeichnetes Testament wieder ging. Am nächsten Tag sprach sie wieder mit ihrer Mutter und ihre Mutter fragte sie, warum sie denn nicht, wie versprochen, vorbeigekommen sei.

Robin war vollkommen fassungslos. Soviel sie wusste, gehörte Alzheimer nicht zu den Abbau-Krankheiten ihrer Mutter und sie hatte ihre Mutter noch nie zuvor so erlebt. Robin erklärte ihrer Mutter, sie wäre zu ihr gefahren und sie hätten gesprochen, aber ihre Mutter wühlte die ganze Unterhaltung zunehmend auf. Sie hatte wirklich überhaupt keine Erinnerung daran, dass Robin am Nachmittag zuvor dagewesen war. Sie sagte Robin, sie solle noch einmal kommen, und sie würde das Testament unterschreiben.

Also fuhr Robin am nächsten Tag wieder zum Haus ihrer Mutter und es gab wieder eine lange Diskussion über die Unterzeichnung des Testaments – ohne Ergebnis.

Robin machte sich langsam echte Sorgen um die geistige Gesundheit ihrer Mutter und rief ihren Arzt am Nachmittag an. Der Arzt ihrer Mutter meinte, er habe kein solches Verhalten bei ihr festgestellt, er würde dies aber beim nächsten Besuch prüfen.

Robin war kurz davor, zu glauben ihre Mutter verlöre wirklich den Verstand, doch sie hatte in dieser Nacht einen Traum.

Sie träumte, wie sie mit ihrer Mutter im Wohnzimmer des Hauses ihrer Mutter saß, aber es waren drei Mütter. Sie sahen nicht alle wie ihre Mutter aus, aber sie wusste, dass sie alle ihre Mütter waren. Vor allem erinnerte sie sich daran, wie eine der drei Mütter immer wieder sagte: "Ich bin deine Mutter und nicht sie."

Als sie am nächsten Morgen aufwachte, rief Robin sofort meinen Stiefvater an, denn nun wusste sie: Ihre Mutter hatte mehr als eine Wesenheit, die sozusagen den ganzen Laden geschmissen hatte.

Mein Stiefvater bestätigte dies und empfahl Robin, einen Termin mit mir zu vereinbaren.

Sobald Robin anfing, über die ganze Sache zu sprechen, wurde ich mir sofort der unterschiedlichen Wesen um ihre Mutter herum gewahr.

Ich erklärte Robin, ihre Mutter sei nicht dabei, ihren Verstand zu verlieren. Ihre Mutter habe etwas, was mein Stiefvater und ich als

Mehrfachbelegung bezeichneten, womit gemeint ist, dass sie mehr als ein Wesen in sich hat.

Das kommt viel häufiger vor, als man denkt. Wenn es jemandem schwer fällt, Entscheidungen zu treffen und derjenige immer den Ausschuss in seinem Kopf konsultieren muss, liegt das daran, dass er dort drinnen mehrere Entitäten außer sich selber hat, die Entscheidungen zu verschiedenen Sachen treffen. Das kann auch dazu beitragen, dass manche Menschen sich bei einer Gelegenheit auf eine Art und Weise verhalten und zu anderen Gelegenheit wieder vollkommen anders. Das liegt daran, dass es nicht immer dasselbe Wesen ist; da sind verschiedene Wesen. Schizophrenie und multiple Persönlichkeitsstörungen sind hier die Extremfälle.

Ich fragte Robin, ob ihrer Mutter früher weniger stark ausgeprägte Formen dieser Art und Weise von Verhalten gezeigt habe, ob sie zum Beispiel zu verschiedenen Zeiten wie verschiedene Leute gewirkt habe oder ob sie Dinge "vergaß", die sie hätte wissen müssen?

Robin erwiderte zögernd: "Nun ja, das stimmt."

"Es war sogar so, dass meine Brüder und ich über die andere Persönlichkeit unserer Mutter Witze machten. Manchmal war sie der netteste, rücksichtsvollste Mensch, den man sich nur vorstellen kann und in anderen Momenten war sie wie eine völlig andere Person. Oh mein Gott und ich dachte, wir sagten das einfach so. Oh, das ist zu seltsam!"

Ich lachte und Robin war einfach nur verblüfft am andern Ende der Leitung.

Dann fragte sie: "Wie passiert das?"

Ich erklärte ihr, das sei eigentlich gar nicht so ungewöhnlich und könne dann vorkommen, wenn zum Beispiel jemand zu irgendeinem Zeitpunkt beschließt, er möchte nicht mehr leben. Im Wesentlichen setzt derjenige ein "Zu-Vermieten"—Schild auf seinen Körper und ein anderes Wesen kann an Bord kommen. Und wenn der ursprüngliche Bewohner nicht wirklich bemerkt, was passiert ist, kann er oder sie einfach bleiben, als hätte sich nichts geändert. Aber in Wahrheit nimmt jetzt ein anderes Wesen an seinem oder ihrem Leben teil, trifft Entscheidungen und interagiert mit anderen Menschen.

Es kann auch passieren, wenn jemand einen schweren Unfall oder eine Operation oder ein anderes körperliches Trauma erleidet. Dies kann einem anderen Wesen erlauben, hinein zu kommen. Das kommt normalerweise dann vor, wenn jemand beschlossen hat, er braucht Hilfe mit seinem Leben oder kann etwas nicht alleine. Derjenige bringt bewusst oder unbewusst ein anderes Wesen hinein, damit es ihm in verschiedenen Bereichen hilft. Wenn sich jemand dessen aber nicht bewusst ist, kann das dazu führen, dass das andere Wesen oder die anderen Wesen den ganzen Laden schmeißen und das Ganze kann ein bisschen durcheinander geraten.

Dann erklärte ich, das Durcheinander mit dem Testament sei ein ehrlicher Irrtum. Ihre Mutter erinnerte sich wirklich nicht an die Unterhaltung über das Testament mit Robin, denn eine andere Wesenheit bestimmte diesen Teil ihres Bewusstseins oder Lebens. Das nächste Mal, wenn sie zum Haus ihrer Mutter ginge, um das Testament unterschreiben zu lassen, solle sie nach der Wesenheit fragen, die tatsächlich das Testament unterzeichnen wird. Sie müsse es nur in ihrem Kopf fragen, nicht laut. Nichts Besonderes, nur eine einfache Bitte. Auf diese Weise würde sie das bekommen können, worauf sie aus sei.

Robin fragte, ob es eine Möglichkeit gebe, die andere Wesenheit von ihrer Mutter zu klären.

Ich sagte ihr, man könne Entitäten klären, aber wenn derjenige irgendeine Art von Verpflichtung gegenüber der Wesenheit habe, werde er die Wesenheit nicht gehen lassen wollen, besonders wenn er meint, die Wesenheit erweist ihm einen Dienst oder leistet ihm irgendwie Gesellschaft. So war es mit ihrer Mutter und ihrer Wesenheit. Robins Mutter hatte offensichtlich eine Wesenheit, die sich um ihre Finanzen kümmerte. Ich weiß, das klingt ein wenig bizarr, aber genau das passierte. Alles was ihre Mutter dazu tun musste, war irgendwann aus irgendeinem Grund zu beschließen, nicht gerne mit Geld umzugehen oder dazu nicht fähig zu sein oder irgendetwas in der Art und voilà — ein anderes Wesen konnte dies tun!

Am Ende der Sitzung war Robin ein wenig verblüfft, aber bereit, ihre neuen Informationen auszuprobieren.

Einige Tage später berichtete sie mir, sie sei tatsächlich zum Haus ihrer Mutter gegangen, habe nach den Entitäten gefragt, die einverstanden waren, das Testament zu unterzeichnen, und siehe da: Ihre Mutter unterzeichnete das Testament.

Also hier mein kleiner Tipp für dich. Wenn du es mit jemandem zu tun hast, der sehr schwierig ist, bitte das Wesen, das dir geben wird, was du willst, am präsentesten zu sein. Seltsam, aber wahr.

Im Country Club

Die Sunshine Coast im Osten Australiens ist ein umwerfender Teil der Erde mit goldenen Stränden, die sich über Meilen erstrecken und einem sauberen, weitestgehend unberührten Hinterland. Im Laufe der Jahre habe ich dort einige Zeit verbracht und eines Abends ging ich mit Freunden zu einer Party in einen Country Club mit Golfplatz in der Nähe einer Straße mit den Namen Murdering Creek Road (wörtlich "Mordender-Bach-Straße"). Ich mache keine Witze, die heißt wirklich so. Du kannst dir vorstellen, wie sie zu ihrem Namen gekommen ist, mit all den Aborigines und den guten alten Briten. (Nichts für ungut, England, aber ihr wisst, was Ihr getan habt.)

Als wir bei der Party ankamen, ging gerade die Sonne unter und es wehte eine sanfte, warme Brise. Alle freuten sich, einander zu sehen und das Fest war in vollem Gange.

Ich hatte zunächst auch viel Spaß, wie alle anderen, aber mit fortschreitender Stunde wurde ich immer aufgeregter und fast paranoid. Ich konnte nicht heraus bekommen, was mich wirklich störte. Mir schien bald, alle seien gegen mich und ich musste einfach da raus. Mir war, als ob ich gleich anfangen würde zu weinen, wenn jemand mich ansprach und da ich nichts gegen meine Stimmung zu tun wusste, beschloss ich zu gehen.

Als ich auf dem Weg zur Tür war, gingen zwei Mädels, die ich kannte, an mir vorbei und fragten mich mit einem fröhlichen Pseudo-Aborigine-Akzent, ob ich draußen mit ihnen eine rauchen wollte.

Ich wollte nicht rauchen, fühlte mich jedoch dazu gezwungen, mit ihnen zu gehen. Also gingen wir ans andere Ende des Parkplatzes und setzten uns in den Nachtschatten eines hohen Eukalyptusbaums. Die Mädchen scherzten weiter mit starken Aborigine-Akzenten untereinander, als ihnen langsam klar wurde, dass ich sie entgeistert anschaute. Sie dachten, ich sei durch ihre Spielerei gekränkt, aber das war es nicht. Während sie herum alberten, erkannte ich endlich, was mit meiner Stimmung los war. Es standen buchstäblich Tausende von Aborigine-Geistern um diesen Country Club herum. Ich bin mir nicht ganz sicher, warum ich so lange gebraucht hatte, um dies mit dem Verstand zu begreifen. Sobald ich erkannte, dass so viele vor mir standen, konnte ich kaum sehen, wo sie aufhörten.

Es erübrigt sich zu sagen, dass sie nicht allzu glücklich waren, was einen Großteil meiner schlechten Stimmung erklärte. Seit diesem Abend kann ich bewusst erkennen, wenn ich es mit großen Gruppen an körperlosen Wesen zu tun habe — anhand dieser Stimmung. Diese spezifische, paranoide, üble Stimmung war sozusagen mein Kanarienvogel im Kohlenbergwerk. Sie zeigte mir immer, wenn es da etwas gab, dessen ich mir bewusster sein muss. Sobald ich diese bestimmte Stimmung hatte, wusste ich, ich hatte es mit einer großen Gruppe an Entitäten zu tun. Ich bin mir nicht sicher, warum diese besondere Stimmung das Zeichen war und ist, dass ich es mit einer großen Anzahl an Geistern zu tun habe, aber so ist es. Ich lerne einfach, die Zeichen zu erkennen, damit ich besser sehe, wohin ich gehe.

Sobald ich all die Wesen anerkannte, die um mich herum standen und auf jede ihnen mögliche Weise versuchten, mich dazu zu bringen, sie zu bemerken, sagte ich ihnen einfach sie könnten alle gehen. Und meine Stimmung änderte sich schlagartig. Ich wurde klar und fröhlich, als ob eine schwere Wolke von mir genommen worden wäre.

Sobald mir bewusst wurde, womit ich es zu tun hatte, und erkannte, dass ich es einfach klären konnte, änderte sich die Energie komplett. Ich liebe es, wenn ich den Nagel so auf den Kopf treffen kann. Und es ist erstaunlich, wie nahezu unglaublich einfach es sein kann, diese Art von Dingen anzugehen. Alles was wir brauchen, ist Gewahrsein und die Werkzeuge, um das zu ändern, was ist.

Besuch von einer alten Familienfreundin

Mary Wernicke, eine alte Freundin der Familie, spielte für mich seit jungen Jahren eine große Rolle in meinem Leben. Sie war für mich wie eine Großmutter. Sie starb an Altersschwäche, nachdem sie die letzten Jahre ihres Lebens in Garys Haus verbracht hatte. Fast bis zu ihrem Lebensende half ich dabei, sie zu betreuen. Da sie über lange Zeit sehr viel Schmerzen hatte, war es eine Erleichterung für Mary und unsere ganze Familie, als sie von uns ging.

Eines Morgens, kurz nach Marys Tod, war ich im Bett alleine zu Hause. Das Haus hatte alte Holzdielen, die regelmäßig knarzten und knackten. Ich hatte mich an das bestimmte Geräusch gewöhnt, das sie machten, wenn eine Entität im Haus war. Ich hörte, wie sich jemand im Wohnzimmer bewegte und geriet in einen leichten Schockzustand. Zu diesem Zeitpunkt fühlte ich mich meistens wohl mit den Entitäten in meinem Leben, aber ab und zu konnte ein Geist mir einen Angstschauder einjagen. Es musste ein kraftvoller Geist sein, der meine volle Aufmerksamkeit haben wollte.

Ich folgte dem Rat, den ich so vielen anderen gegeben hatte und ließ die Barrieren gegenüber der Entität herunter. Siehe da: Marys Geist steckte ihren Kopf in meine Schlafzimmertür. Gleich darauf saß sie auf dem Bett und legte ihre Hand auf meine. Sie fragte mich, wie es mir gehe und ließ mir eine über alle Maßen fürsorgliche Energie zuströmen. Sie gab mir das Gefühl, vollkommen umsorgt und anerkannt zu sein. Sie hatte gerade einen ausgedehnten, langwierigen Sterbeprozess hinter sich gebracht und nun besuchte sie mich, um zu fragen, wie es mir gehe! Genau so ein Mensch war Mary zu Lebzeiten und auch nach ihrem Tode. Sie dankte mir dafür, dass ich mich um sie gekümmert hatte, bevor sie starb. Sie sagte, sie werde diese Ebene nun verlassen, was bedeutete, sie würde diese Realität oder Welt, wie wir sie kennen, verlassen. Sie wolle sich nur noch einmal verabschieden.

Es war ein wunderschöner Austausch an Energie voller Dankbarkeit, Fürsorge und Ausdehnung und dann ging sie so schnell, wie sie gekommen war. Der ganze Besuch dauerte etwa zwei Minuten. Nun weiß ich: Ich hätte ihr Unrecht getan und ihren Abschiedsprozess schwieriger gemacht, hätte ich mich ihr gegenüber aus Angst gesperrt. Sie hätte sich immer mehr anstrengen müssen, nur um zu mir durchzudringen, mir zu danken und sich zu verabschieden.

Die Kehrseite des Widerstandes besteht darin, wenn man denjenigen, der geht, zu sehr festhält. Wenn wir an einer Person festhalten und nicht möchten, dass sie geht, wird es für sie schwieriger sein, ihren Weg auf die andere Seite deutlich zu finden — wegen der Störungen durch alle unsere Gedanken, Emotionen und Gefühle.

Wie uns die Entitäten helfen können

Während der Weltwirtschaftskrise, als viele Menschen in extremer Armut lebten, gab es einige, die die wirtschaftliche Situation zu ihrem eigenen Vorteil nutzten und entsprechend Geld damit machten. In einer Situation, in der alle nur einen wirtschaftlichen Trümmerhaufen sahen, erkannten diejenigen Möglichkeiten, die gewillt waren, einen anderen Standpunkt einzunehmen.

Ganz ähnlich öffnen sich Menschen, die bereit sind, einen anderen Standpunkt zum Tod einzunehmen gegenüber jenen Informationen, die außerhalb dessen liegen, was wir derzeit in dieser Realität für real und korrekt halten. Sie können die Informationen, die die Entitäten ihnen geben, verwenden, um etwas Größeres zu erschaffen als jene Menschen, die nicht bereit sind, diese Realitäten wahrzunehmen.

Ich habe einmal in einer Wohnung mit wirklichen lauten Nachbarn über mir gewohnt. Sie spielten laute Musik zu allen Nachtstunden. Ich hatte schon das Übliche getan, indem ich sie wiederholt gebeten hatte, die Musik herunter zu drehen, aber sie taten das nicht und sie wollten es einfach nicht. Eines Nachts lag ich im Bett und dachte mir, ich könnte dieses Entitätenzeug doch mal ausprobieren. Ich bat darum, dass alle Entitäten in der Wohnung über mir bitte die Musik ausschalten. Genau in diesem Moment — *wumm!* — ging die Musik aus und ging auch für den Rest der Nacht nicht wieder an.

Natürlich dachte ich zuerst, dies sei "bloß ein Zufall" gewesen. Am nächsten Abend war die Musik wieder am Dröhnen, also dachte ich, ich könnte meine Entitäten-Freunde um Hilfe bitten. Genau wie in der Nacht zuvor ging die Musik sofort aus! Das zog sich über Wochen, bis das elektrische System in der Wohnung meiner Nachbarn repariert werden musste. Diese Erkenntnis haute mich um (ich bin mir nicht sicher, was das elektrische System ausgeschaltet hat), aber sie bestärkte mein Gewahrsein, dass diese Geister alles andere als ein Traum sind. Sie sind tatsächlich eine Realität, die in der Welt existiert, die wir gemeinsam bewohnen.

Seither habe ich versucht, ähnlich spektakuläre Ergebnisse zu erzielen, indem ich die Entitäten bei vielen anderen Sachen um Hilfe bat und bitte – manchmal funktioniert es und manchmal nicht. Was ich möchte, ist eine Sache, aber meine Bitte wird nicht immer beachtet oder unverzüglich erhört. Manchmal sind andere Kräfte am Werk, die etwas anderes brauchen als das, was ich "möchte". Je größer mein Interesse an etwas ist, desto geringer ist die Wahrscheinlichkeit, dass es sich so entwickelt, wie ich es möchte. Die größte Magie tritt meistens dann ein, wenn ich mir selbst nicht im Weg stehe. Wenn wir bereit sind, um Hilfe zu bitten und dies ohne eine emotionale/energetische Erwartung dahin gehend tun, wie sich etwas entwickeln soll, erhalten wir in der Regel am meisten.

Ein anderes cooles Beispiel dafür, wie die Entitäten uns helfen können, wird im Film "Der sechste Sinn" mit Bruce Willis gezeigt. In diesem Film hat ein kleiner Junge die Fähigkeit, die Geister von Menschen zu sehen, die in den meisten Fällen fürchterliche Tode gestorben sind. Natürlich werden sie nach Hollywood-Manier dramatisch dargestellt, mit viel gruseliger Musik.

Zu Beginn des Films treffen wir auf die Figur von Bruce Willis, der Kinderpsychologe ist, und einen kleinen Jungen. Wir erfahren bald: Dieser Junge hat die erstaunliche Fähigkeit, "tote Menschen" zu sehen und ist größtenteils stark dadurch traumatisiert. Also legt der gute alte Bruce los, um herauszufinden, wie er dem Kind helfen kann. Natürlich glaubt er anfangs nicht, dass der Junge "tote Menschen" sieht, aber mit der Zeit beginnt er zu erkennen, dass dies tatsächlich so ist. Bruce ermutigt den Jungen in seiner unendlichen Weisheit mit den Geistern zu sprechen und heraus zu finden, was sie möchten. Sobald der Junge anfängt, ihnen bewusst zu helfen, wendet sich sein Leben zum Besseren. Dies erlaubt ihm, mehr Frieden zu finden und den Entitäten zu helfen. Am Ende erfahren wir: Die Figur, die von Willis gespielt wird, ist in Wirklichkeit eine Entität. Wäre der Junge nicht bereit gewesen, den Entitäten zuzuhören, hätte er die Hilfe nicht erfahren, die ihm diese Entität geben konnte.

Hoffentlich erkennst du inzwischen das Muster dessen, was ich immer wieder hervorhebe. Diese Geister sind nichts, wovor man Angst haben müsste. Dein Wahrnehmen dieser Entitäten ist eine Quelle, mit der du dein Leben und das der Menschen um dich herum bereichern kannst.

Wie wäre es, die Macht der Wahrnehmung jenseits unserer fünf Sinne anzunehmen und in ein Feld unendlicher potentieller Energie vorzudringen?

Die meisten Leute, die eine Sitzung bei mir möchten, haben zwei Fragen: "Habe ich Entitäten?" und "Was sagen sie?".

Herauszufinden ob du Entitäten hast und zu entdecken, was sie zu sagen haben, kann sehr wichtig sein und es ist außerdem ein sehr kleiner Teil eines sehr großen Ganzen.

Mit den Entitäten zu sprechen und zu hören, was sie zu sagen haben, indem man zum Beispiel bestimmte Nachrichten empfängt, kann sehr beruhigend und wichtig sein, aber meiner Meinung nach ist dies auch nur ein kleiner Teil dessen, was möglich ist. Die meisten Menschen neigen dazu, alle anderen Energien, die von den Entitäten durchkommen zu leugnen, weil sie nicht zu dem passen, wie sie beschlossen haben, dass die Welt auszusehen hat. Die Leute können so viel verpassen, indem sie erwarten, dass ihre Kommunikation mit den Entitäten so ist wie Unterhaltungen mit verkörperten Leuten. Die Kommunikation mit Entitäten erfordert einen vollkommen anderen Muskel als jenen, den man benutzt, wenn man mit Menschen spricht und interagiert. Man kann sich nicht nach vorne beugen mit den Muskeln, die der Körper benutzt, um sich nach hinten zu beugen. Man kann nicht mit den Entitäten kommunizieren, indem man dieselben Muskeln benutzt, mit denen man mit anderen Leuten spricht.

Dies ist einer der Hauptgründe, warum viele so frustriert werden, wenn sie "versuchen", mit den Entitäten zu sprechen. Sie denken, sie seien nicht in der Lage dazu, aber eigentlich versuchen sie, eine Hantel mit ihrem Ohrläppchen hochzuheben. Es würde sehr viel besser funktionieren, wenn sie ihre Hände benutzen würden.

Die Kommunikation und Interaktion mit den Entitäten umfasst sehr viel mehr Raum und Energie als die Kommunikation mit Leuten. Das ist der Grund, warum die Kommunikation mit den Entitäten einem Zugang zu so viel Raum und Freiheit eröffnen kann. Sich gegenüber diesem Raum zu öffnen, kann sehr wohltuend und heilend wirken. Das kann sowohl für uns auf dieser Seite als auch für jene auf der anderen Seite so sein. Manchmal geht es nicht um eine bestimmte Nachricht, die eine Wesenheit bringt, sondern um die Energie, die sie zu geben hat.

Es ist eher so, als ob man den Wind, der um einen herum weht, annimmt, als dass man versucht herauszufinden, was der Wind damit sagen wollte, dass er auf einen zugeweht ist.

Der größere Teil des Ganzen besteht in der Bereitschaft, alles zu empfangen, was die Wesenheit anzubieten haben. Das ist ganz so, als ob man empfängt, was die Natur oder der Wind anzubieten haben. Die Natur hat keine kognitiven Gedanken oder rationellen Ideen, die sie uns bieten könnte. Die Natur gibt uns ein Gefühl von Frieden und Raum, ein Gefühl von Heilung und Freiheit. Viele Entitäten könnten dasselbe für uns sein, wenn wir offen dafür wären, dies zu empfangen. Die Entitäten bieten uns die Möglichkeit, hinter das zu schauen, was wir für real halten. Sie helfen uns dabei, unseren übersinnlichen Muskel zu entwickeln. Sie bringen uns dazu, unsere Realitäten in Frage zu stellen und auf Arten wahrzunehmen, an die wir nicht gewöhnt sind.

Eine der riesigen Blockaden beim Empfangen der Entitäten ist die weit verbreitete Angst vor ihnen. Meiner Meinung nach ist die weit verbreitete Angst vor Entitäten hauptsächlich Gehirnwäsche. Ich weiß, der Begriff Gehirnwäsche mag sehr extrem und unerfreulich klingen, aber genau damit haben wir es zu tun. Die Leute sind sich noch nicht einmal sicher, warum sie Angst vor Entitäten haben; sie wissen nur, dass es so ist.

Die Gehirnwäsche kommt von Filmen, dem Fernsehen, anderen Medien, Familienmitgliedern, Freunden und der Religion. Wenn du daran glaubst, was du in Horrorfilmen über Entitäten siehst, glaubst du dann auch an den Weihnachtsmann und den Osterhasen? Verstehst du, was ich meine?

Das einzige Problem mit den Entitäten liegt in dem Unbewusstsein, das die Leute auf die ganze Situation projizieren. Werdet bewusster und die Entitäten werden sich anschließen.

Wenn du wirklich bewusster werden möchtest, ist die Kommunikation mit den Entitäten ein wunderbarer Weg, dies zu erreichen. Das Kommunizieren mit den Entitäten ist wie jede andere Form von Ertüchtigung. Wenn man nicht in Form ist, kann es am Anfang unbequem und schwierig sein, aber je mehr man es tut, umso leichter wird es. Es wird ein immer größerer Beitrag zu deinem Leben sein wie alle anderen gesundheitsfördernden Übungen.

Wenn jemand in deinem Leben stirbt und derjenige das Gefühl hat, er habe noch Fragen mit dir offen, besteht die Möglichkeit, dass er zu dir kommt und versucht, die Situation zu bereinigen. Wenn du ihn ignorierst oder dich weigerst, ihn wahrzunehmen, geht er dadurch nicht weg. Das bewirkt nur, dass er sich mehr anstrengen muss, um zu dir durchzudringen, egal wie viele Leben das dauert.

Entitäten wahrzunehmen, anzunehmen, mit ihnen zu kommunizieren und zu sein, kann so einfach sein wie der Wind, der durch dein Haar weht oder in Wasser einzutauchen. Es braucht keine Anstrengung. Nun, vielleicht braucht das Eintauchen ins Wasser ein wenig Anstrengung, aber sobald man lernt zu schwimmen, denkt man nicht mehr darüber nach, man tut es einfach. Was wäre, wenn es so leicht wäre, die Geisterwelt als Bestandteil deiner Realität und deiner Lebens zu haben, wie Brustschwimmen? Und was könnte das zu deinem Leben beitragen, was du dir noch nicht einmal vorstellen könntest?

Die Wesenheit, die Krebs verursachte

Christine, eine reizende, leicht mollige 42-jährige Frau, kam wegen ihrer Mutter zu mir. Sie sagte, sie habe von mir gehört und sei neugierig. Sie wirkte weder nervös noch erschrocken, obwohl vor kurzem Brustkrebs bei ihr diagnostiziert worden war, dieselbe Krankheit, an der ihre Mutter erst vor einem Jahr gestorben war.

Von dem Moment an, als Christine sich auf die Couch setzte, nahm ich ihre Mutter sehr stark überall um sie herum wahr. Christine sah ihrer Mutter sehr ähnlich, aber jünger und glücklicher.

Sie glaubte ihre Mutter in ihrer Nähe, wollte aber eine Bestätigung und ich bestätigte es ihr. Ihre Mutter war nicht nur in der Nähe, sondern versuchte auch verzweifelt, mit ihrer Tochter zu kommunizieren.

Wenn eine Wesenheit mit dir sprechen möchte und du ihr nicht zuhörst oder nicht zuhören kannst oder nicht weißt, dass du ihr zuhörst, wird sie zunehmend aufdringlicher, um deine Aufmerksamkeit zu bekommen.

Diese Zudringlichkeit der Entitäten kann sich auf verschiedene Arten zeigen. Sie können Kopfschmerzen, Rückenschmerzen, Husten, Jucken, Schaudern, Stress, plötzliche Emotionen und Übelkeit hervorrufen. Was auch immer dir einfällt: Genau so kann es sich zeigen.

Für Christine zeigte es sich in eben jenem Brustkrebs, an dem ihre Mutter gestorben war. Christines Mutter versuchte so verzweifelt, zu Christine durchzudringen, dass sie alleine durch ihre Nähe bewirkte, dass ihre Tochter ihre Schwingung reproduzierte— so wie das Anschlagen einer Stimmgabel die Stimmgabel daneben dazu bringt in derselben Frequenz zu schwingen. In Einheit nehmen wir wahr, wissen wir, sind wir und empfangen wir alles, von den Gedanken und Gefühlen von Leuten bis hin zu den Gedanken und Gefühlen von Entitäten, ob wir uns dessen bewusst sind oder nicht. Wenn du im Lebensmittelgeschäft neben jemandem in der Reihe stehst, der wütend oder traurig ist, kannst du plötzlich wütend oder traurig werden und annehmen, dies seien deine eigenen Gefühle. Anstatt zu fragen, zu wem diese Gefühle gehören, nimmst du an, es seien deine eigenen. Wir werden beeinflusst und wir beeinflussen alles und jeden mit unserer Energie.

Ich erzähle diese Geschichte, damit du anfangen kannst zu erkennen, welch dynamische Auswirkung die Entitäten haben, auch wenn sie keinen Körper besitzen. Dies ist sogar wissenschaftlich belegt, falls das einen Unterschied für dich macht. Selbst während du diese Worte liest, reagiert dein Körper auf das, was du liest, in Form von energetischen Frequenzen und chemischen Prozessen. Du (wer immer "du" bist) beeinflusst deinen Körper, die Körper anderer Menschen, die Couch, auf der du sitzt, den Baum, den du anschaust, die Erde und das gesamte Universum mit deinen Gedanken und Gefühlen. Dies ist möglicherweise absolut neu für dich, wenn du dein ganzes Leben in dem Glauben verbracht hast, du seist einfach nur ein kleines olles Menschlein ohne irgendwelche Kraft, Macht oder Fähigkeiten.

Wenn sich alle dessen bewusst würden, wie sie die Dinge kreieren und beeinflussen, wie sähe die Welt dann aus?

Wenn du dich aufregst, zerstörst du nicht nur deinen Körper, sondern auch die Erde. Hoffentlich bewirkt das, dass du es dir zweimal überlegst, bevor du unglücklich oder wütend bist. Ich weiß, es gibt viele Gründe und Rechtfertigungen für diese Gefühle, aber sind sie es wirklich wert, den Planeten zu zerstören?

Die andere Seite der Medaille ist, dass, wenn du etwas oder jemanden bewunderst oder ihm gegenüber dankbar bist, diese Sache oder dieser Jemand stärker wird und sich besser fühlt.

Die Macht liegt bei dir. Wenn es dir nicht gut geht, schau dir einmal die Gedanken an, die du hast, und die Wahlen, die du triffst — oder die Wahlen, die andere um dich herum möglicherweise treffen, die du aufnimmst und in deinem eigenen Körper kristallisierst.

Christine tat genau das. Sie reproduzierte die Energien, die ihre Mutter benutzt hatte, um Krebs in ihrem eigenen Körper hervorzurufen.

Ich wies Christine darauf hin, die perplex da saß, während diese neue Realität ihre Vorstellung von der Welt zunichte machte.

Dann fuhr ich fort, indem ich ihr erzählte, wie sie all das aufheben könne, wenn sie es nur wählte.

Ich begann damit, sie anzuweisen, ihre Mutter zu bitten, ein bisschen von ihrem Körper weg zu gehen. Wenn wir nicht auf die Geister hören, neigen sie dazu näher und näher zu kommen, als ob das uns dabei helfen würde, sie zu hören. Das ist so, wie wenn du einen Tauben anschreist. Egal wie laut du wirst, er wird dich immer noch nicht hören. Also musst du eine andere Art der Kommunikation finden, mit Zeichensprache oder dem geschriebenen Wort. Wenn es dir schwerfällt, mit den Entitäten zu kommunizieren, von denen du weißt, dass sie zu dir durchdringen möchten, suche nach einer anderen Art des Zuhörens. Versuche nicht mit deinen Ohren, sondern mit deinem Gewahrsein zuzuhören.

Sobald der Geist ihrer Mutter von Christines Körper etwas zurücktrat, fühlte sie sich sofort besser, wie du dir vorstellen kannst. Außerdem gab es Christine eine Wahl in der Angelegenheit, wodurch sie ein Gespür von Macht bekam.

Durch den Raum, den sie erschaffen hatte, konnte Christine ihre Mutter klarer spüren. Sie begann sich selbst die Erlaubnis zu geben, die Realität anzunehmen, dass ihre Mutter bei ihr war. Ich ermutigte sie dazu, ihre eigene Unterhaltung mit ihrer Mutter zu führen, anstatt sich wegen aller Antworten auf mich zu verlassen. Als ein Ouija-Brett *(Anm. d. Ü.: ein 1891 patentiertes Hilfsmittel zur Kommunikation mit Geistwesen, u.a. auch Hexenbrett, Seelenschreiber oder Talking Board genannt)* oder eine Wahrsagerin benutzt zu werden, hat mich schon immer ganz besonders erfreut. Ich versuche immer, die Leute anzuleiten und ihnen beizubringen, selbst mit toten Leuten zu kommunizieren, damit sie am Ende ihre eigenen Werkzeuge mitnehmen und nicht nur eine Erfahrung. Christine war sehr geschickt darin: Sie konnte ihre Mutter besser hören und wahrnehmen, als sie sich jemals hatte vorstellen können.

Ich fragte Christine, ob es für sie real war, dass der Brustkrebs, der in ihrem Körper auftrat, in Wirklichkeit der Krebs ihrer Mutter sein könnte. Obwohl dies ein großer gedanklicher Sprung für sie war, erkannte sie: Ja, das könnte stimmen.

Durch meine Ermutigung begann Christine, einen echten Sinn dafür zu entwickeln, wie bedürftig ihre Mutter war und wie viel sie Christine aufbürdete. Dies war eine Offenbarung für sie, denn sie hatte sich seit dem Tod ihrer Mutter so kaputt und müde gefühlt. Diese neue Erkenntnis fühlte sich an wie eine große Erleichterung.

Aus ihrem neuen Gewahrsein heraus war sie in der Lage, die einfache Bitte zu formulieren, dass ihre Mutter bitte damit aufhören solle. Dadurch erkannte ihre Mutter, was sie tat. Ob du es glaubst oder nicht, ihre Mutter war sich nicht bewusst, welche Auswirkung sie auf ihre Tochter hatte. Nur weil sie ein Geist war, heißt das nicht, dass sie klüger oder bewusster war als wir. Christine und ihre Mutter gewannen beide etwas durch diese Sitzung.

Ich fragte Christine, ob sie wolle, dass ihre Mutter bleibt oder geht. Ungeachtet von Christine Bewusstsein hatte ihr Wunsch nach der Präsenz ihrer Mutter ihre Mutter im Griff. Christine wurde klar: Sie hatte unbewusst gehofft, ihre Mutter werde sie nicht verlassen. Ich fragte ihre Mutter, ob sie weitergehen wolle, und sie schien nicht zu wissen, dass oder wohin sie gehen konnte. Ich informierte sie beide, sie müsse nicht unbedingt weitergehen, dies wäre jedoch eine Wahl, die eine Menge für beide ändern könnte, und wenn sie dazu bereit wären, könnten sie diese Wahl treffen.

Ich zeigte Christines Mutter den Raum, in den ich andere Entitäten hatte gehen sehen. Dem Licht entgegen sozusagen. Irgendwie war ihr das total entgangen.

Anstatt eine Schlussfolgerung zu kreieren, endete die Sitzung im Eröffnen neuer Möglichkeiten. Christine und der Geist ihrer Mutter gingen ein wenig verdutzt und aufgewühlt.

Christine rief mich einige Tage später an und teilte mir mit, sie und ihre Mutter hätten gemeinsam Frieden gefunden und ihre Mutter sei gegangen. Mir war klar, dass Christine der Gedanke schwerfiel, dass ihre Mutter weg war, aber sie war auch unglaublich erleichtert ihren Raum und ihren Körper für sich zu haben.

Ich bat sie, sich noch einmal vom Arzt untersuchen zu lassen, bevor sie mit der Chemotherapie für "ihren" Brustkrebs begann. Sie willigte ein, lachte aber immer noch über die Möglichkeit, dass der Krebs einfach verschwinden könnte.

Und siehe da, sie ging zu ihrer Untersuchung und voilà: Der Krebs war weg, ganz ehrlich!

Die Moral von der Geschicht': Wenn du ein Problem hast, frage, zu wem es gehört, denn möglicherweise ist es noch nicht einmal dein eigenes.

Ein Geisterhaus in Schweden

Ich war 2005 in Perth in Australien und hielt einen Workshop über Bewusstsein und Entitäten.

Ich liebe es, in Australien zu arbeiten. Ich finde, die Menschen dort sind wirklich offen und es ist einfach, ihnen etwas vorzutragen. Die Australier sind bekannt dafür, dass sie unkompliziert und frei im Denken sind. Ihr Landesmotto lautet: "Don't worry!", was bedeutet: "Mach dir keine Sorgen!"

Ein sehr gutes Beispiel dafür ereignete sich, als ich das erste Mal Sydney anflog. Das Flugzeug traf auf ein Luftloch und fiel um 20 Fuß *(Anm. d. Ü.: über 6 Meter)*. Alle Amerikaner an Bord schrien vor Angst auf und die Australier ließen ein gewaltiges "WOOO-HOOO!" hören. Ich dachte: "Wow, ich komme aus dem falschen Land." Perth ist ein wunderbarer, abgelegener Ort, die isolierteste Stadt der Welt. Jeder Tag kommt einem wie ein Sonntag vor.

Ich hatte viele Australier in dem Kurs und auch ein reizendes schwedisches Paar, Birgitta und Peter.

Birgitta hob ihre Hand und fragte mich über das Haus ihrer Familie in Schweden, das immer noch ihrer Mutter gehörte und das sie versuchte zu verkaufen. Aus irgendeinem Grund, den sie nicht verstand, war niemand darin interessiert, es zu kaufen, obwohl es eine sehr attraktive Immobilie war.

Sobald ich in das Haus hinein spürte, war mir klar, dass es sehr stark von Entitäten heimgesucht war. Manchmal verkaufen sich manche Häuser oder Grundstücke nicht, selbst wenn sie unter dem Marktpreis liegen und ein richtiges Schnäppchen sind, weil es in ihnen spukt.

Hast du jemals ein Ladengeschäft gesehen, das immer wieder den Besitzer wechselt? Egal wer es betreibt, das Geschäft geht pleite. Das liegt häufig daran, dass dieser Ort von Entitäten heimgesucht ist und die Entität, die in diesem Ort spukt, die Bewohner hinaus treibt.

Birgittas Haus war seit der Jahrhundertwende im Familienbesitz gewesen und es hatte einige Zeit niemand darin gewohnt. Ich fragte im Kurs, ob alle lernen wollten, wie man ein Geisterhaus auf die Entfernung klärt und alle waren daran interessiert. Ich begann zu demonstrieren, wie das geht, aber erstaunlicherweise hatte ich keinen Erfolg damit, das Haus zu reinigen. Normalerweise gelingt es mir sehr gut, Entitäten auf die Entfernung zu klären, aber diesmal nicht. Ich konnte mir das nicht erklären. Im Scherz sagte ich zu Birgitta, ich müsste dort hin gehen, um diesen Fall zu lösen.

Bevor ich mich versah, stieg ich zwei Wochen später aus einem Flugzeug in Kopenhagen in Dänemark und lief durch die Flughafenhalle an einer funkelnden Auslage mit Duty Free Waren vorbei. Ich übergab dem Grenzbeamten meinen Pass und sagte ihm, ich würde Freunde besuchen. Ich erwähnte ihm gegenüber nicht, dass manche dieser Freunde tot waren. Vom Flughafen aus stieg ich direkt in einen Zug, der mich im Handumdrehen über den Sund brachte, der Dänemark und Schweden trennt. Mit strahlenden Augen holte mich Birgitta an der ersten Haltestelle ab. Wir fuhren in die Außenbezirke von Malmö, durch offene Felder, die von frühlingsgrünen Bäumen gesäumt waren, in den kleinen Ort, in dem sich das Haus ihrer Familie befand.

Obwohl wir die Absicht hatten, das Haus von den Entitäten zu bereinigen, musste ich diese Aufgabe ohne irgendwelche Erwartungen an das Ergebnis angehen. Würden alle Entitäten in dem Haus bereit sein zu gehen? Würde sich das Haus nach dem Clearing verkaufen? Und vor allem: Würde Birgitta auch aus unserer gemeinsamen Zeit das gewinnen, was sie wollte?

Auch wenn Birgitta das Haus vollkommen von Entitäten bereinigen wollte, garantieren konnte ich ihr das auf keinen Fall, denn ich wusste, nur weil wir wollten, dass die Entitäten das Haus verließen, bedeutete das nicht, dass sie dies auch wollten. Wir könnten beispielsweise auf eine Wesenheit mit einer Verpflichtung stoßen, das Haus zu bewachen, die sie nicht aufgeben wollte. Manchmal kann man Entitäten davon überzeugen, diese Aufgaben, zu denen sie sich verpflichtet haben, aufzugeben und manchmal nicht. In der Regel kann mit ausreichend Bewusstsein eine Lösung gefunden werden.

Das Haus befand sich an einer kleinen Straße und war von anderen Häusern umgeben. Wie so viele ältere unbewohnte Häuser machte es einen traurigen Eindruck, als ob das Haus selbst einsam war. Neben dem Hauptgebäude gab es noch eine steinerne Scheune mit einem Betonboden und drei Räumen darüber. Die Scheune, die zur Weiterverarbeitung des Honigs der Bienen von Birgittas Mutter benutzt worden war, zog als erstes meine Aufmerksamkeit auf sich.

Ich wusste sofort, dass jemand in der Scheune gestorben war. Auch wenn der Geist der Person, die dort gestorben war, sich nicht mehr in der Scheune befand, war mir klar, dass sich dort ein Tod ereignet hatte. Die Scheune erinnerte sich an den Vorfall und ließ mich dies wissen, so als ob sie mir ein Telegramm schickte, das ich in meinem Kopf empfing. Dann dachte ich: "Ist auch jemand unter dieser Scheune begraben?"

Birgitta war zögerlich, mir die Geschichte über die Scheune zu erzählen, weil sie Angst hatte, sie würde mich erschrecken. Ich erklärte ihr, es mache keinen Unterschied, ob sie mir die Geschichte erzählte oder nicht, da ich das ganze Ereignis ohnehin vor mir sehen konnte. Ist das ein Segen oder ein Fluch? Ich bin mir nicht sicher.

Was ich wahrnahm, war Blut und Wut. Ich bin überzeugt davon, dass ich unbewusst viele andere Details ausblendete. Ich habe so eine Art, nur soviel durchzulassen, dass ich die Informationen bekomme, aber nicht so viel, dass ich total durchdrehe. Manchmal ist es einfach zuviel, den Tod anderer Menschen zu sehen und ihre Gefühle dabei zu fühlen.

Offensichtlich hatten Birgittas Mutter und Tante früher Honig hergestellt und verkauft und hatten die Scheune zu Produktionszwecken genutzt. Sie hatten ein großes Ausrüstungsutensil von einer Frau ausgeborgt, einer anderen Imkerin im Dorf. Diese Frau kam eines Tages zur Scheune und verlangte ungeduldig ihr Gerät zurück. Dieses Gerät war groß und schwer und wurde im oberen Stockwerk der Scheune aufbewahrt. Keiner der Männer der Familie war zu dieser Tageszeit zu Hause und Birgittas Mutter versuchte, die Frau dazu zu überreden zu warten, bis jemand Stärkeres zu Hause war, der das Gerät die steilen Stufen hinunter bewegen konnte. Die Frau war nicht einverstanden und bestand darauf, sie sollten es zu dritt herunter tragen. Während die drei Frauen versuchten, das große schwere Gerät selbst zu bewegen, rutschte diese aufdringliche Frau auf der Treppe aus, schlug sich den Kopf auf dem Zementboden auf und verblutete. Ihr Geist war schon lange weg, das Bewusstsein des Gebäudes gab mir all diese Information, nicht der Geist der Frau. Nachdem wir sahen, dass es von diesem Ereignis keine Wesenheit zu klären gab, gingen wir weiter zum Haus.

Wir fingen im Flur an, einem kleinen Raum mit einer Garderobe und einem Wohnzimmer zu jeder Seite. Ich begann damit, Birgitta zu zeigen, wie sie die Werkzeuge dafür verwenden konnte festzustellen, wo die Entitäten waren, sie zu klären und zu wissen, wenn sie gegangen waren. Sie war aufgeregt angesichts der Aussicht, Entitäten zu sehen und sie klären zu können. Ich sagte ihr, sie solle ihrem ersten Instinkt vertrauen und wir legten los.

Sie zeigte zur linken Seite des Raumes und ich bestätigte ihr, dass dort tatsächlich ein Wesen stand. Ich wies sie an, die einfachen Clearingfragen zu benutzen und puff - das Wesen war verschwunden. In diesem Fall war es noch nicht einmal nötig, mit der Wesenheit zu sprechen oder Fragen zu stellen. Sobald wir seine Anwesenheit anerkannten und einige einfache Werkzeuge benutzten, ging es weg.

Ganz aufgeregt darüber, dass sie in der Lage war wahrzunehmen, als das Wesen verschwand, gingen Birgitta und ich zur nächsten Wesenheit im Flur über. Allein im Flur, der ein recht kleiner Raum war, bereinigten wir mehrere Entitäten und machten uns dann an den Rest des Hauses.

Als wir in das erste Wohnzimmer kamen, erkannte ich eine Wesenheit, die stärker war als die, die wir im Flur angetroffen hatten. Ihre Präsenz war greifbarer. Ich wusste, dies würde etwas Interessantes sein, woran wir arbeiten konnten, aber ich ließ Birgitta mit ihrer Analyse des Raumes anfangen, bevor ich etwas erwähnte. Ich fragte Birgitta, wo sie anfangen wolle, und sie zeigte sofort auf den großen, dick gepolsterten Sessel, in dem die Wesenheit saß. Die Wesenheit war ein junges blondes Mädchen, das sieben oder acht Jahre alt zu sein schien. Sie trug ein kurzes weißes Kleid, das etwa in den 1930-er Jahren modern gewesen sein musste. Sie war fröhlich und auch etwas besorgt, aber ich konnte nicht ausmachen, worin diese Besorgnis bestand.

Birgitta und ich versuchten zunächst, sie einfach zu klären, jedoch ohne Erfolg. Ich fragte den Geist des Mädchens, ob sie bleiben oder ob sie das Haus verlassen wolle und sie sagte mir, sie wolle gerne gehen, dies sei ihr aber nicht erlaubt. Ich erklärte Birgitta, welche Informationen ich bekam und sie sagte: "Das ist so seltsam." Sie nahm mich mit in das nächste Zimmer, in dem sich ein altes Foto dieses kleinen Mädchens aus den 1930-er Jahren befand. Dann kramte Birgitta in einer Schublade herum und zog ein anderes Foto des Mädchens in einem Sarg im Wohnzimmer des Hauses hervor. Das Mädchen war Birgittas kleine Cousine zweiten oder dritten Grades. Sie war jung an einem Fieber gestorben und ihre Totenwache war im Haus abgehalten worden. Dies erklärte mir, warum sie hier war, aber nicht, warum sie nicht gehen konnte.

Da nichts von dem, was ich tat, dieses Wesen klärte, ließen wir sie zurück und gingen in das Speisezimmer. Ich fragte Birgitta, wo sie in diesem Zimmer anfangen wolle, und sie zeigte sofort auf eine Porzellanvitrine aus Mahagoni in der Ecke. Wir benutzen die üblichen Fragen zum Klären von Entitäten, aber die Energie um dieses Möbelstück herum veränderte und bewegte sich nicht. Wir mussten noch tiefer gehen und wie ich vermutete, war es ein Portal. Ich erörterte das mit Birgitta und wir fragten gemeinsam: "Ist dies ein Portal?" Beide von uns empfingen ein "Ja".

Randnotiz: Wenn du dieses Buch bislang noch nicht für seltsam gehalten hast, wirst du das gleich tun.

Portale sind Türen oder Fenster, durch die die Entitäten in diese Realität oder Dimension hinein und aus ihr hinaus gehen. Wenn du nicht an multiple Dimensionalitäten glaubst, die Wissenschaft hat es bewiesen, also kannst du es glauben. Eine Person, ein Ort oder eine Sache kann ein Portal sein, wie der Schrank in "Der Löwe, die Hexe und der Wandschrank" aus "Die Chroniken von Narnia".

Portale zu schließen, ist normalerweise sehr einfach und kann große Veränderungen im Leben sowie den Lebensräumen von Menschen bewirken. Normalerweise bittet man einfach das Portal, sich zu schließen, und es tut dies. Portale können auch einen Vollstrecker oder eine leitende Wesenheit haben, die sie offen hält. Wenn es also eine oder mehrere dieser Vollstrecker oder leitenden Entitäten gibt, die das Portal offen halten, wird man nicht in der Lage sein, es zu schließen, bis die Wesenheit oder Entitäten entfernt wurden.

In diesem Falle versuchten wir, das Portal im Schrank zu schließen, aber es ließ sich nicht schließen. Ich brauchte nur einen Moment, um den Zusammenhang herzustellen. Der Geist des kleinen blonden Mädchens in dem anderen Zimmer war die leitende Wesenheit für dieses Portal. Ich fragte das Mädchen, ob sie diesen Job behalten wollte und sie antwortete: "Nein." Alles was ich zu tun hatte, war, ihr zu sagen, sie habe gute Arbeit geleistet und könne nun gehen und puff – weg war sie und auch das Portal war verschwunden.

Es ist interessant, dass man so viel Veränderung mit so wenig Aufwand bewirken kann, wenn man bereit ist, Dinge zu sehen, die außerhalb des Üblichen liegen.

Denk nur daran, wie sehr sich Leute manchmal bemühen, um bestimmte Bereiche ihres Lebens, wie ihre Beziehungen, ihren Körper oder ihre Geldsituation zu verändern, während es die ganze Zeit über möglicherweise Entitäten gewesen sind, die das Problem erschaffen haben.

Vom Wohnzimmer gingen wir in die Küche, wo Energie in alle Richtungen flitzte. Es gab eine Tür zum Hinterhof, eine Tür zur Vorratskammer und zwei Türen, die zu anderen großen Räumen führten, die für Gesellschaften und besondere Anlässe genutzt wurden. Die Küche war der Ort, an dem die Familie die meiste Zeit verbracht hatte. Die Energie all der Familienaktivitäten war immer noch in der Küche. Es kam mir so geschäftig vor wie an einer U-Bahn-Station in New York. Ich spürte die Energie einer kleinen alten Dame, sagte Birgitta aber nichts davon. Ich wollte abwarten, ob sie sie selbst bemerken würde.

"Wo möchtest du in diesem Zimmer anfangen?", fragte ich.

Wir klärten einige Energien und dann sah sie etwas, was ihr Leben für immer verändern sollte. Bis zu diesem Zeitpunkt in ihrem Leben hatte Birgitta noch nie bewusst eine Entität gesehen. Das geht den meisten Menschen so, abgesehen von den seltenen Fällen, wenn jemand einen Blick auf einen verstorbenen Menschen erhascht, der ihm lieb war oder etwas in der Art, bevor er die Tür zur Wesenheit schnell wieder zuschlägt, entweder aus Angst oder Ungläubigkeit.

Birgitta stand wie angewurzelt da, ihr Mund stand offen und die Augen traten ihr aus dem Kopf.

Sie schaute mich in aller Seelenruhe an und erklärte sie habe gerade ihre Großtante gesehen.

"Sie hat immer für die besonderen Familienfeierlichkeiten gekocht. Oh, das leuchtet ein! Sie läuft von der Speisekammer zum Herd!"

Birgitta war ein wenig geschockt und schaute zu mir, um sich zu vergewissern, dass sie dies gerade wirklich gesehen hatte. Mir blieb nichts anderes übrig, als es so nicht-seltsam und logisch wie möglich erscheinen zu lassen, dass sie gerade mit ihren eigenen Augen einen Geist gesehen hatte. Auch wenn es für mich etwas Alltägliches ist und ich mir wenig bis gar nichts dabei denke, scheint es den meisten Leuten eine Heidenangst einzujagen. Wir machten Fortschritte und Birgittas Gewahrsein und Empfänglichkeit waren dabei zu erwachen und sich zu erweitern. Sie hatte hierum gebeten. Bitte und du wirst empfangen.

Sie war ganz aufgeregt, weil sie ihre Großtante so deutlich wahrnehmen konnte. Ich sah eine Möglichkeit, Birgittas Gewahrsein noch einen Spalt weiter zu öffnen, also empfahl ich ihr, sich mit ihr zu unterhalten.

Ich erläuterte Birgitta, Entitäten wüssten nicht immer, dass sie tot sind oder was sie tun.

Ich erklärte, ich würde die Entitäten häufig darauf hinweisen, dass sie tot sind und andere Wahlen treffen können.

Also lautete Birgittas erste Frage: "Weißt du, dass du tot bist?"

Tantchen antwortete: "Natürlich, Liebes."

Dann fragten wir: "Warum bist du dann noch hier?"

"Ich koche."

"Für wen?"

Bei dieser Frage war da so etwas wie ein Piepen im Raum der Tante. Sie hatte sich diese Frage nicht selbst gestellt oder die Mühe gemacht zu bemerken, dass es niemanden zu bekochen gab. Solche Dinge passieren häufig solchen Leuten, die sich selbst mit einer bestimmten Aktivität identifizieren. Sie scheinen nicht zu erkennen, dass sie die Wahl haben, etwas anderes zu tun, also machen sie dieselbe Sache weiter, nachdem sie tot sind. Wie wird es wohl noch seltsamer?

Es ist seltsam, dass die Leute glauben, du wirst mehr als du im Leben warst oder so, wenn du stirbst. Das stimmt nicht. Die Wesen spielen im Leben nach dem Tode häufig die gleiche Rolle weiter, ohne überhaupt zu bemerken, dass sich etwas geändert hat.

Birgitta und ich wurden zu der Schwingung, die ihre Großtante einladen würde zu gehen, wozu sich die Tante schließlich entschied. Zu einer Schwingung für eine Entität zu werden, ist etwas anderes als sich zu unterhalten. Mit lebenden, verkörperten Menschen zu sprechen, braucht viel länger. Entitäten kommunizieren sehr schnell. Sie übermitteln ihre Nachricht in einem schnellen Download, nicht in linearen Sätzen, wie wir das in einer Unterhaltung tun. Das liegt daran, dass sie Zeit und Raum nicht wie wir erleben. Noch bevor man seinen Gedanken zu Ende gedacht hat, antworten sie schon. Man kann mit Entitäten große Konzepte im Bruchteil einer Sekunde abhandeln und muss sich nicht die Zeit zum Formulieren nehmen. Also luden wir Birgittas Tante mit unseren Schwingungen dazu ein zu gehen – nicht mit Worten, sondern mit der Schwingung einer anderen Möglichkeit.

Ich empfinde es als sehr viel leichter mit den Entitäten auf diese Art zu kommunizieren. Man kann eine Menge verpassen, wenn man versucht, auf die Geschwindigkeit einer normalen Unterhaltung abzubremsen.

Mit einer Entität muss man telepathisch sein, was sehr nichtlinear sein kann. Entitäten vermitteln mir gleichzeitig Bilder und Gefühle. Sie geben mir den ganzen Download auf einen Schlag, und ich muss die Geschichte entziffern. Wenn du den Film "Matrix" gesehen hast, wirst du besser verstehen, was downloaden ist. Das ist, wenn man einen Schwung an Informationen auf einmal bekommt. Ist es dir jemals so ergangen, dass eine Welle oder ein Stoß oder Schauder von Energie durch dich hindurch gejagt ist? So ist ein Download. Er kommt und geht sehr schnell. Ich habe gelernt, mit den Entitäten den Fluss zu verlangsamen und ihn sozusagen mitzubekommen, damit ich die Informationen weitergeben kann. Um das zu tun, musst du sicher stellen, dass du wach und gegenwärtig bleibst. Manchmal sind ihre Mitteilungen sehr subtil und manchmal sind sie sehr detailliert oder intensiv.

Um wirklich Mitteilungen von Entitäten zu empfangen, musst du in erster Linie dir selbst vertrauen. Dieses Vertrauen, dass du dir das nicht ausdenkst und nicht verrückt bist, spielt eine große Rolle bei all dem.

Nachdem wir mit der Küche zufrieden waren, gingen Birgitta und ich durch den Rest des Hauses und klärten noch viele andere Entitäten. Am Ende unserer Tour war uns ganz schwindlig von der Leichtigkeit und dem Raum, den wir in dem zuvor überbevölkerten Haus kreiert hatten. Als wir zur Scheune zurück gingen, um zu überprüfen, ob dort Entitäten waren, entdeckten wir, dass alle Entitäten schon verschwunden waren, die noch bei unserer Ankunft da gewesen waren. Wir hatten so viel Bewegung und Energie in dem Haus geschaffen, indem wir all die Entitäten klärten, dass die Wesen in der Scheune gleichzeitig gegangen waren.

Ein Haus zu bereinigen, kann leicht sein oder sehr anstrengend, aber es ist immer eine lehrreiche Erfahrung. Ich bin immer wieder verblüfft, wie einzigartig jede Situation ist. Es gibt keine einzige alleingültige Methode, Entitäten zu klären — zumindest habe ich noch keine entdeckt — und es gibt so viele seltsame Dinge da draußen, zu denen ich niemals Zugang hätte, gäbe es nicht die Entitäten. Wer auch immer behauptet hat, es gebe keine Magie, war ein Vollidiot.

Wie ich meiner Schwester in einer gespenstischen Nacht half

In unserer Familie nennen wir meine jüngere Schwester Grace im Scherz "Marilyn Munster". Wir amüsieren uns darüber, dass wir andern alle so…freakig sind, während Grace so normal ist. Sie ist freundlich, höflich und ein wunderbarer Mensch. Sie wurde sogar mit blonden Haaren geboren, während der Rest von uns dunkle, fast schwarze Haare hat. Sie ist die jüngste von vier Geschwistern und war immer diejenige, die uns alle zusammengehalten hat.

Grace ist offensichtlich immer in der Lage gewesen zu vermitteln, sie sei "normal" oder "normal" zu erscheinen, während sie gleichzeitig an sehr abwegige, seltsame Dinge wie Geister und Bewusstsein und diese Sachen glaubte. Sie hat immer daran geglaubt, aber sich niemals wirklich die Mühe gemacht, offen darüber zu sprechen. Das überließ sie ihren freimütigeren Geschwistern und Eltern, die allen, die zuhörten, von den seltsamen Dingen erzählten, die wir im Universum vor sich gehen sahen. Grace zog es vor, freundlich zu lächeln und die Leute zu ihren eigenen Erkenntnissen und Schlussfolgerungen kommen zu lassen, zu welchem politisch nicht wirklich korrekten Thema auch immer, das gerade diskutiert wurde.

Aber es kam ein Moment, als Grace es nicht mehr vermeiden konnte, sich etwas von dem seltsamen Zeug anzusehen, mit dem ihre große Schwester zu tun hatte und sich damit zu beschäftigen.

Es war zwei Uhr morgens in einer Sommernacht und ich war in San Francisco, als ich von einer SMS von Grace geweckt wurde, die in Santa Barbara war.

"Shannon, wann kommst du nach Hause?", fragte sie. "Ich habe Angst, hier ganz alleine im Haus zu schlafen." Gary war weg und ich wusste aus eigener Erfahrung, dieses Haus, das sich in der Nähe der alten Spanischen Mission in Santa Barbara befindet, konnte ziemlich viel Geisteraktivität aufweisen.

Viele der Indianer und Spanier, die die Mission 1786 erbauten, sind auf dem Grundstück direkt neben diesem Haus begraben.

Außerdem scheinen sich die Geister von Gary angezogen zu fühlen, der keine Ansicht hat, mit ihnen zusammen zu leben.

Vor einigen Jahren übernachtete ich in dem Haus und war fast überwältigt von der Anzahl an Besuchern, die ich wahrnahm. Das war ein ungebrochener Strom von Entitäten, der durch das Zimmer floss, ganz zu schweigen von einem sehr anwesenden Typen, der neben dem Bett stand und nicht aufhören wollte zu reden. Am nächsten Morgen sagte ich zu Gary: "Wie kannst du in diesem Haus schlafen? Da sind so viele Entitäten."

Er sagte: "Worauf willst du hinaus?"

"Stören sie dich denn nicht?"

"Nein, ich mache sie nicht bedeutungsvoll."

Das war eine ganz neue Betrachtungsweise für mich.

Als ich von Grace hörte, sie könne nicht schlafen, wusste ich ganz genau, was sie durchmachte. Ich wusste, es war nicht ihre Einbildung. Ich rief sie am nächsten Morgen an, um einen Bericht von ihren nächtlichen Abenteuern einzuholen und zu sehen, ob ich ihr helfen konnte. Sie erzählte mir, sie sei in Angstschweiß gebadet aufgewacht. Da sie niemanden am Telefon erreichen konnte, hielt sie sich selbst mit Fernsehen bis um sechs Uhr früh wach. Sobald es hell wurde, konnte sie endlich schlafen.

Ich begann damit, sie zu fragen ob die Dinge, die sie erlebt hatte, mit Entitäten zu tun hatten. Ich wusste, dass es so war, und sie wusste, dass es so war, aber indem ich die Frage stellte, brachte ich sie dazu, es laut auszusprechen. Ich fragte sie, ob sie wolle, dass ich ihr zeige, wie sie mit ihnen umgehen kann.

"Ja", meinte sie und war sich nicht wirklich sicher, ob sie dem zustimmen wollte. Sie war sich jedoch bewusst, nach einer solchen Nacht gab es keinen anderen Weg. Ich wusste außerdem, dass dies eine Möglichkeit war, ihr dabei zu helfen zu lernen, mit den Entitäten umzugehen.

Ich bat sie, sich hinzusetzen und in die Energie hinein zu spüren, mit ihr auf die gleiche Wellenlänge zu gehen. Indem sie das tat, sagte sie eigentlich nur ja zu den Geistern, sodass die Energie frei zwischen ihnen fließen konnte. Dieses "Auf-die-gleiche-Wellen-länge-gehen" ist so ähnlich, wie wenn du am Strand oder in den Bergen bist und wirklich die Schwingungen spürst. Du lässt den Raum auf dich einwirken und einströmen. Einfach nur gewahr mit etwas zu sein, das nicht in Worten mit dir sprechen kann, und die Schwingung zu spüren, kann ein guter Anfang sein.

"Gut. Also, was nimmst du wahr?"

"Mir ist ein bisschen schwindlig."

"Gut", sagte ich. "Mach da weiter. Bleibe einfach präsent."

Der Schwindel kam daher, dass sie ihre Barrieren gegenüber den Entitäten herunter ließ. Wenn sie bewusst in dem Schwindel ausharrte, würde das die Barrieren gegenüber dem herunter fahren, wogegen sie sich in der Nacht gewehrt hatte. Wir öffneten im Grunde die Tür zum Gewahrsein, damit es durchkommen konnte.

Wie die meisten Menschen errichtete sie bewusst oder unbewusst eine hohe Barriere gegenüber den Entitäten, sobald diese auftauchten. Der Schwindel rührte daher, dass sich mehr Raum eröffnete, als sich die Barrieren senkten. Bewusstsein fühlt sich sehr weit an und es kann dich auch ein wenig schwummrig oder schwindlig machen. Die meisten Leute halten das für etwas Schlechtes, aber das ist es nicht.

Wohlgemerkt, als ich sie bat, sich auf das einzulassen, was auch immer sie von den Geistern wahrnahm, zeigte es sich nicht in Form von Wörtern oder Bildern, sondern in einem leichten Schwindel. Dieses Gefühl oder diese Wahrnehmung eines leichten Schwindels waren die Entitäten, die mit ihr sprachen.

Ein Großteil meiner Arbeit mit Menschen und Entitäten erfolgt nonverbal. Allein schon dadurch, dass man eine bestimmte Energie betrachtet oder sich einer gewissen Wesenheit bewusst ist, beginnt sie sich zu ändern. Dies erfordert von allen beteiligten Parteien die Bereitschaft, sehr bewusst zu sein und einige kaum wahrnehmbare Dinge wahrzunehmen.

Also blieben wir zunächst einfach nur ganz bewusst bei dem, was war, damit es uns zeigen konnte, wie wir weiter mit ihm verfahren sollten.

Indem ich ihr diese ersten Fragen stellte, konnten wir uns beide der Energie öffnen, mit der diese Geister auftraten.

Für die meisten Menschen ist diese Fluktuation an Energie so fein, dass man sie sehr leicht übersieht, aber durch regelmäßiges Üben kann man eine feine Empfänglichkeit gegenüber dem Rhythmus und der Bewegung der Energie entwickeln. Mit diesem Feingefühl können telepathische und übernatürliche Mitteilungen sehr viel einfacher identifiziert und empfangen werden, besonders von Entitäten.

"Cool!", sagte ich. "Das war deine erste echte Unterhaltung mit einer Wesenheit. Du magst keine Wörter oder Gedanken mitbekommen haben, aber es war dennoch eine energetische Kommunikation."

Sie fragte: "War das alles, was es brauchte?"

"Ja."

"Wow, das war sehr viel einfacher, als ich gedacht hätte."

In diesem Fall kommunizierte Grace mit den Geistern ohne Worte—und ganz sicher ohne ihren Verstand!

Ich habe festgestellt, dass die Kommunikation mit verkörperten Wesen und nicht verkörperten Wesen zu etwa 10% verbal und zu 90% nonverbal ist.

Alle denken immer, sie könnten nicht mit Entitäten kommunizieren, weil sie sie nicht "hören" oder "sehen" können. Diese Denkweise begrenzt und schwächt ab, was sich zeigen kann. Wenn du die Energie und das Bewusstsein anerkennst, die sich zeigt und logisch nicht einleuchtet oder schwer zu definieren ist, wird es sehr viel einfacher, die Mitteilungen der Entitäten zu verstehen.

"Wie viele Entitäten sind da noch, um die du dich kümmern solltest?", fragte ich meine Schwester.

Ich merkte, wie sie zögerte. Ich fragte: "Möchtest du alle Ansichten zerstören und ungeschehen machen, die du dazu hast, dass dies alles gerade nicht wirklich geschehen kann und du das nicht wirklich tun kannst?"

"Ja", sagte sie.

Ich fragte noch einmal: "Also, wie viele Entitäten sind da noch, um die du dich kümmern solltest?"

"Eine Menge!"

"Möchten sie mit dir sprechen oder mit jemand anderem?"

"Mit jemand anderem."

Ich sagte: "Auch wenn die Nachrichten, die sie austauschen möchten, nicht für dich bestimmt sind, können sie sehen, du kannst sie hören. Deswegen kommen sie zu dir. Wenn du ihre Informationen annimmst, werden sie sie dir energetisch mitteilen oder runterladen. Du musst die Nachricht nicht hören, um zu wissen, dass du sie verstanden hast. Du musst dir nur der Energie bewusst sein."

"Wenn dann die verkörperte Person, für die die Nachricht bestimmt ist, auf der Straße an dir vorbeiläuft, auf der Autobahn an dir vorbeifährt, deine Hand schüttelt oder nah genug an dir vorbeikommt, überträgt sich die energetische Nachricht von dir auf diese Person. So werden wir zu einer Leitung für die Bewegung und den Austausch von Energien."

Auf diese Weise kommt Leichtigkeit mit ins Spiel. Sobald Grace erkannte, wie einfach dies sein konnte, war sie sehr erleichtert. Sie hatte gedacht, sie müsste kognitiv ergründen, was alle Entitäten sagten. Wenn dies auch eine Möglichkeit ist, mit den Entitäten und allem anderen zu kommunizieren, ist es nicht die einzige.

Ich konnte sie sich in Gedanken fragen hören, wie dies wohl ihr Leben verändern würde. Da ich eine Möglichkeit für mehr

Effizienz sah, fragte ich: "Kannst du gleichzeitig mit ganzen Gruppen von ihnen sprechen?"

"Ja."

"Mit wie vielen auf einmal kannst du sprechen?", fragte ich, „mehr als zehn oder weniger als zehn?"

"Etwa fünf oder sechs", sagte sie.

"Cool, lass uns mit fünf anfangen."

Ich bat sie, wieder hinein zu spüren und fünf Entitäten auf einmal zu erlauben, ihr ihre Informationen herunterzuladen. Ich erklärte, dieses Herunterladen findet dann statt, wenn man seinen kognitiven Verstand heraus hält und sich erlaubt, energetische Informationen zu empfangen, und dass sie möglicherweise etwas durch ihren Körper laufen spüren würde, von einem leichten Schauder bis hin zu einer starken, stoßartigen Frequenz.

Grace begann, die Informationen von den Entitäten entgegen zu nehmen und wir nahmen beide wahr, wie sie nacheinander wegfielen, sobald sie ihren Download beendet hatten, bis auch der fünfte fertig war. Dieser ganze Vorgang dauerte nur wenige Augenblicke.

Wir nahmen uns noch einige Gruppen vor. Beim Auflösen jeder Gruppe spürte ich eine Art sausender Energie, wenn sie gingen. Wir gingen zur nächsten Gruppe über, die sich genauso leicht und schnell klären ließ. Da warteten so viele Entitäten auf sie, weil sie wussten, sie war für sie auf eine Art da, wie viele andere Menschen es nicht sind. Sie wussten, sie konnte ihnen helfen, auch wenn sie es selbst nicht wirklich verstand.

Dann nahmen wir beide wahr, dass wir in etwas Dichteres hinein gerieten. Grace, die während des Verfahrens ruhig gewesen war, wurde panisch und sagte dies auch. Als ich mir das anschaute, konnte ich "sehen": Wir kamen zu einem Wesen, das extra wegen ihr da war. Wir waren auf eine Wesenheit gestoßen, die ihr etwas zu sagen hatte.

"Kannst du hören, was er sagt?", fragte ich.

Ich begann, Detektiv zu spielen und stellte weiter Fragen, damit wir beide Klarheit erlangen könnten, was mit dieser Wesenheit zu geschehen habe. Ich begann mit: "Möchte er einen Körper bekommen oder ist es etwas anderes?"

Grace sagte: "Einen Körper bekommen."

Sofort begann ihr Magen zu schmerzen und er vermittelte uns beiden das Bild, dass er ihr Baby sein wollte.

"Möchte er dein Kind werden?", fragte ich.

"Ja."

Da stellte ich ihr die naheliegende Frage: "Möchtest du ein Kind haben?"

"Nein, nein und nochmals nein!", sagte sie.

"Sag ihm: Ich bin nicht schwanger noch habe ich vor, in der nächsten Zeit schwanger zu werden. Wenn du also einen Körper möchtest, musst du jemand anderen finden, um einen Körper für dich zu kreieren."

Dies schien sich nicht auf die Absichten der Entität auszuwirken. Dies zeigte mir, es gab da einen Teil in diesem Verhältnis, den Grace unbewusst erschuf. Vielleicht hatte sie eine Verpflichtung oder ein Versprechen gegenüber diesem Wesen in einem anderen Leben abgegeben, etwa wie: "Ich werde mich immer um dich kümmern" oder "Ich werde dich ewig lieben" oder "Ich werde immer für dich da sein".

Ich werde mit dieser Art von Dingen immer wieder konfrontiert. Viele Leute haben Entitäten um sich herum, denen gegenüber sie auf irgendeine Art in irgendeinem Leben eine Verpflichtung eingegangen sind. Wie zum Beispiel bei einer Hochzeitszeremonie, wenn du sagst: "Bis dass der Tod uns scheidet", aber wenn du ein unendliches Wesen bist, stirbst du dann überhaupt? Soviel ich weiß, ist es gut möglich, dass wir in Form einer Wesenheit in einer anderen Dimension um jemand anderen herum lungern oder ihn verfolgen, weil wir uns ihm gegenüber in irgendeiner Form verpflichtet haben.

Diese Wesenheit war da und wartete darauf, dass sie sich um ihn kümmerte, wie sie es versprochen hatte. Das einzige Problem war, Grace hatte diese Verpflichtung vollkommen vergessen und war nicht daran interessiert, ihr Versprechen in der Gegenwart zu erfüllen.

Ich fragte sie: "Wirst du Deine Eide, Schwüre, Vereidigungen, Lehnseide, Blutseide, Bindungen und bindende Verträge gegenüber diesem Wesen auflösen?"

Jegliche Verpflichtung oder Entscheidung, die du in irgendeinem Leben oder irgendeiner Realität getroffen hast, kann ungeschehen gemacht werden—so einfach ist das.

"Ja!"

Immer noch veränderte sich die Energie nicht!

Ich fragte die Entität, ob er all seine Eide etc. zerstören und unkreieren möchte.

"Ja", sagte er wie ein Schatten in meinem Bewusstsein.

Die Energie wurde leichter und zeigte so an, dass dies eine Veränderung gebracht hatte, aber er ging immer noch nicht weg.

Ich fragte Grace: "Ganz ehrlich, wärst du bereit, diese Entität loszulassen?"

Bei dieser Frage erkannten Grace und ich: Ein Teil von ihr wollte noch an diesem Wesen festhalten. Wir erkannten beide: Dieses Wesen war schon so lange bei ihr gewesen, dass sie es nicht als getrennt von sich wahrnahm. Sie konnte sich nicht vorstellen, wie ihr Leben ohne ihn aussehen könnte und dennoch gab sie ihren alten Freund mit einem Lebewohl frei.

Als dieses Wesen ging, spürten Grace und ich eine immense Erleichterung.

Sie sagte: "Ich bin fast ein bisschen traurig."

Ich sagte zu ihr: "Das verstehe ich, denn diese Wesenheit, die so lange ein Teil von dir gewesen ist, ist jetzt weg."

Ich sagte ihr, er würde zurück kommen, wenn sie das wolle, und sie sagte ganz schnell: "Nein!"

In den Tagen nach unserer Unterhaltung veränderte sich Graces Leben komplett. Sie nahm um zwei Kleidergrößen ab und sagte, es sei ihr nie aufgefallen, aber sie habe ein ständiges Klingeln in ihren Ohren gehabt, das nun verschwunden sei.

Indem sie sich dem stellte, von dem sie nicht glauben konnte, dass es da war, konnte sie einen riesigen Bereich ihres Lebens verändern, einfach so.

Ich glaube, jeder kann diese Art von Umwälzungen und Veränderungen erfahren, wenn er dies wirklich möchte. Alles was es dazu braucht, ist der Mut, sich dem zu stellen, was uns Angst einflößend oder höchst unwahrscheinlich erscheint.

Wachablösung

Eines Tages machte ich in Gidgegannup in Westaustralien mit zwei Freundinnen einen Ausritt. Ich war nach Perth gereist, um an einem Access-Kurs teilzunehmen, den Gary hielt und beschloss eine gute Freundin zu besuchen, die eine Pferderanch 44 km außerhalb von Perth hatte. Sie lud mich ein, ihre Pferde zu besuchen und auszureiten, nachdem der Kurs zu Ende war.

An einem schönen, klaren, sonnigen Tag fuhren meine beiden Freundinnen und ich über endlose Flächen trockener Erdhügel und staubiger grüner Eukalyptushaine nach Gidgegannup. Meine Freundin, der die Pferde gehörten, war eine große, blonde athletische Australierin, die auf diesem vier Morgen großen Gelände mit ihrem Freund und zwölf Pferden lebte. Sie stellte mich all ihren Pferden und dann ihrem Freund vor, in dieser Reihenfolge. Ich sollte ein schönes holländisches Warmblut namens Lincoln reiten. Lincoln war ein gut aussehender und großer Fuchs mit guten Manieren. Er war das größte Pferd auf der Ranch, aber meine Freundin versicherte mir, er sei ganz sanft. Die Dritte im Bunde war eine alte Freundin von mir aus Neuseeland, die ich schon jahrelang kannte. Wir genossen unseren jährlichen gegenseitigen Besuch während der wenigen Tage, die wir zusammen hatten, bevor wir wieder in die Welt hinaus reisten.

Es war so heiß, dass ich Shorts und Flipflops trug, die perfekte Reitkleidung—oder eben nicht. Meine Freundin lieh mir ihre überzähligen Half Chaps (*Anm. d. Ü.: lederne Beinkleider zum Reiten*). Ich zog sie an, um meine Beine zu schützen und borgte mir Schuhe. Ich sah großartig aus. Dann schlang ich meine Arme um den Sattel und zog mich auf Lincoln hinauf.

Wir beschlossen, um einige der großen eingezäunten Weidebereiche der Ranch zu reiten, um uns mit unseren Pferden vertraut zu machen. Wir zogen in einem gemächlichen Schritt los und schwatzten über unser Leben und kicherten über nichts Besonderes, einfach nur glücklich am Leben zu sein. Die Zeit verstrich und die Sonne stieg höher am Himmel. Wir hätten nicht zufriedener sein können.

Wir beschlossen, die Pferde traben zu lassen, um zu sehen, wie es sich anfühlte, so wie wir es schon hunderte Male zuvor getan hatten. Das ist das Letzte, woran ich mich erinnere, bevor ich aufwachte, alle viere von mir gestreckt auf dem Rücken im Dreck liegend und in den unermesslichen blauen wolkenlosen Himmel starrend.

Ich hatte keinerlei Bewusstsein davon, was gerade passiert war. Alles was ich spüren konnte, war ein Pulsieren in meinem Kopf oder das, was ich für ein Pulsieren hielt, aber ich dachte bzw. nahm nichts auf eine normale Weise wahr, die jemand nachvollziehen könnte, den es noch nie aus den Socken gehauen hat.

Ich hatte kein Empfinden für die Realität, in der ich mich befand, und die Reise zurück in diese Realität war schmerzhaft und gleichzeitig einer Ekstase am ehesten vergleichbar. Ich konnte wahrnehmen, dass meine Freundin wegen irgendetwas sehr aufgeregt war, denn sie saß an meinem Kopf und weinte. Ich fand später heraus, sie hatte Angst, ich sei tot oder auf dem Weg dorthin. Ich zweifle nicht daran, dass es ihre inständige Bitte war, ich solle zu meinem Körper zurückkehren, die mich von meiner Reise im Raum zurück brachte. Nachdem ich mich in den darauffolgenden

Wochen vollständig wieder erholt hatte, erinnerte ich mich daran, dass ich außerhalb meines Körpers gewesen war und zwei Pfade vor mir gesehen hatte. Einer davon führte hierher zurück und der andere...?

Ich bemerkte, wie die Intensität der Gefühle meiner Freundinnen mir weh tat, also bat ich sie, sich zu beruhigen. Es fühlte sich buchstäblich so an, als ob ihre Sorge meinen Kopf zertrümmerte. Sie versuchten, sich so gut es unter den Umständen ging, zu beruhigen, und zu dritt saßen wir lange auf der Weide, während ich versuchte, meine Koordinaten im Leben neu zu berechnen.

Ich fragte sie später, wie es war, als ich mein Bewusstsein wieder erlangte. Sie erzählten mir beide, sie hätten wirklich Angst gehabt. Sie meinten, ich hätte immer wieder dieselbe Frage gestellt: "Wo wohne ich?" Sie sagten mir, ich hätte sie das über zwanzig Mal gefragt. Sie erklärten mir immer wieder, dass ich in Kalifornien lebte und in Australien war, um Access-Kurse zu geben. Da fragte ich sie: "Was ist Access?" Gedächtnisverlust ist eine wundersame und rätselhafte Sache.

Ich erinnere mich daran, wie ich den Eukalyptus überall um uns herum anschaute und dachte: "Was für seltsame Bäume, was für ein seltsamer Ort dies doch ist."

Ich wusste, ich hatte Werkzeuge, um mir zu helfen, wenn es nicht gut aussah, aber ich konnte mich nicht daran erinnern, wie sie aussahen noch warum ich sie überhaupt benutzen sollte. Zu diesem Zeitpunkt hatte sich der Freund meiner Freundin uns bereits auf der Weide angeschlossen. Da erinnerte ich mich daran, dass Pferde bei uns gewesen waren. Ich fragte, wo die Pferde hin seien. Er sagte mir, er habe sie weggebracht, was darauf schließen ließ, dass ich eine ganze Weile bewusstlos gewesen sein musste. Er hockte sich zu uns auf den Boden und lachte glucksend in meine Richtung. Das hellte die Stimmung ungemein auf. Er sprach mit dem Wind und sagte mir, ich sähe aus wie ein Bergarbeiter. Die gesamte rechte Hälfte meines Gesichts war mit Dreck und Schlamm beschmiert, was ich nicht spüren konnte und nicht bemerkt hatte. Ich hatte so viel Dreck in meiner Nase, dass ich zehn Minuten brauchte, um ihn wieder heraus zu bekommen, als ich später duschte. Wir lachten alle und mein Lachen verwandelte sich schnell in Tränen. Dies waren keine Tränen der Trauer, sondern die Art von Tränen, die du weinst, weil sich etwas tief in dir verändert hat und du gerade mit dem Gesicht zuerst von einem großen Pferd gefallen bist.

Es fällt mir schwer zu beschreiben und anderen fällt es wahrscheinlich schwer, sich vorzustellen, wie tiefgreifend diese Erfahrung war. Ich war wie ein Neugeborenes auf einem LSD-Trip. Als ich begann, mehr und mehr Bewusstsein zu erlangen, begann ich auch, mir der Gefühle meiner Freundin sehr intensiv gewahr zu sein. Ich konnte es fast nicht ertragen, wie intensiv das war. Wie hatte ich das früher bei ihr nicht mitbekommen können? War ich wirklich so wenig bewusst?

Ich fühlte mich, als ob ich von ihren Gedanken verbrannt würde, als ob sie mir in einer unerträglichen Frequenz entgegen schmetterte. Mir blieb nur übrig zu versuchen, die Informationen auszublenden, aber was auch immer ich früher benutzt hatte, um diese Art von Gewahrsein auszublenden, war weg. Ich konnte es kaum ertragen, meine blonde Freundin anzuschauen, denn sie schien so traurig, dass ich dachte, sie anzuschauen würde mich umbringen. Natürlich war sie um mich besorgt und diese Gefühle waren sehr offensichtlich, aber ich konnte mir keinen Reim darauf machen, dass sie so aufgeregt war, weil ich mich verletzt hatte. Ich konnte ihre Aufregung wie einen Hammer in meinem Gesicht spüren. Und dann waren da noch alle Gefühle, die sie jemals gefühlt hatte. Sie zeigten sich mir alle in unerträglicher Klarheit.

Und während ich all diese Sorgen und Kümmernisse wahrnahm, empfand ich gleichzeitig den tiefsten und weitreichendsten

Frieden, den ich je empfunden hatte. Es ist erstaunlich, wozu das Gehirn in der Lage ist, wenn es auf die richtige Art durchgeschüttelt wird.

Mich haute die Erkenntnis um, wie viel wir nicht beachten. Als ich mich nach dem ganzen Vorfall wieder vollständig erholt hatte, wurde mir klar, dass ich die Welt so wahrnahm wie ein Neugeborenes. Ich war vollkommen verletzlich und empfänglich für das, was in jedermanns Kopf vorgeht.

In dieser neuen Welt fühlte es sich so an, als ob die Ameisen auf der Erde jedes Molekül meiner Existenz beeinflussten und der offene blaue Himmel meine Brust aufriss, während er versuchte, mein Herz von einem Leben voller unterdrückter Gefühle und Selbstverurteilung zu befreien.

Ich konnte niemandem länger als für den Bruchteil einer Sekunde direkt in die Augen schauen, aus Angst von seinen Gefühlen verschlungen zu werden. Ich konnte keinen zusammen hängenden Gedanken fassen oder Satz formulieren.

Sie fragten mich immer wieder, was ich tun wolle und alles was ich vermochte, war zu weinen, mich in den Dreck zu legen oder zu den Bäumen hinüber zu kriechen und sie zu umarmen und wieder zu weinen.

Je mehr ich wieder zu mir kam, umso mehr fragte ich meine Freunde, warum wir alle hier seien. Nicht warum wir alle hier auf der Pferde-Ranch waren, sondern warum wir hier auf dem Planeten Erde in dieser Realität waren. Ich konnte nicht verstehen, warum wir so viel Schmerz wählen sollten. Ich konnte gleichzeitig die gewaltige Kraft und den Frieden der Erde spüren, und die ängstliche, unglückliche, sterbende Rasse, die sich das Menschengeschlecht nennt. Ich konnte aus dieser Perspektive verstehen, warum Menschen verrückt werden. Wie würde uns die Erde jemals überleben, wie würde ich jemals diesen Ort überleben können? Und dann wurde meine Aufmerksamkeit weit weg zum anderen Ende der Wiese gelenkt, wo ein Eichhörnchen einen Baumstamm hoch kletterte und ich staunte ob der reinen Freude dieser kleinen Kreatur und weinte wegen der ganzen Freude, die sie verkörperte.

Das war wie die beste Droge, die ich jemals genommen hatte, und ich schwankte zwischen dem schlimmsten und dem besten Trip meines Lebens. Ich hatte die Realität, die ich kannte, vollständig verlassen und war in ein Wunderland voller Hasenbauten geschleudert worden *(Anm. d. Ü.: in Anlehnung an "Alice im Wunderland")*. Wenn ich mich auf eine Energie oder eine Bewegung in der Welt um mich herum konzentrierte oder ihr Aufmerksamkeit schenkte, wurde ich vollständig dort hinein transportiert, als ob ich jede einzelne Facette ihrer Existenz sehen könnte. Ich war nicht mehr abgetrennt von irgendetwas, ich konnte alles vor Energie pulsieren spüren — oder war das nur mein Kopf?

Ich wehrte mich gegen die Stimmen der Vernunft, als sie mich an diesen Ort zurück zogen, aber schließlich kam ich langsam wieder "zur Besinnung" und man überzeugte mich, unter die Dusche zu gehen und dann ins Auto zu steigen.

Ich dachte einige Male, so müsse es sich anfühlen, wenn man zurück geblieben ist. Es war mir egal ob ich so bleiben würde. Ich fühlte mich freier, als ich mich jemals gefühlt hatte, obwohl ich scheinbar den Preis dafür zahlte, nicht normal zu wirken und mich nicht normal zu verhalten.

Ich hatte keinen einzigen Kratzer oder blauen Fleck an meinem ganzen Körper.

Ich hatte zwei Tage, um mich zu erholen, bevor ich ein Flugzeug besteigen und fünf Stunden zur Ostküste Australiens fliegen sollte. Ich verbrachte diese Tage im Bett mit einer starken Gehirnerschütterung.

Ganz langsam wurde die Welt wieder schärfer und alles rückte an seinen Platz, aber alles sah so anders aus! Ich konnte nicht ausmachen, was anders war. Ich wusste nur, es war anders. Ich hatte keine Vorstellung davon, wann ich essen wollte oder was ich essen wollte. Ich musste herausfinden, welche Hand ich zum Schreiben benutzte, als sei es das erste Mal. Mein Körper kümmerte sich in diesen Tagen sehr gut um mich. Er wusste, was zu tun war, selbst wenn ich das Gespür für alles verloren hatte.

Wie durch ein Wunder schaffte ich mein Flugzeug und überlebte den Flug nach Brisbane.

Eine von vielen Sachen, die mir bewusst wurden, war ein intensiver Schmerz in meinem Nacken. Ich bat einen Freund von mir, Dr. Dain Heer, ob er meinen Hals einrenken könnte. Dain ist ein wirklich guter Freund meiner Familie und ein erstaunlicher Mensch. Er kam zu Access als Network-Chiropraktiker. Er richtet und heilt nicht nur deinen Körper, sondern er hat auch die Fähigkeit, dein Wesen und dein Leben zu richten und zu heilen. Er ist ein Wundertäter, wie Hunderte von Menschen bezeugen werden, und ich habe das große Glück, eng mit ihm befreundet zu sein. Ich freute mich darauf, dass es mir besser gehen würde und legte mich auf den Tisch.

Anstatt seine Hände auf mich zu legen, stand Dain einfach nur mit schräg gelegtem Kopf da und starrte mich an. Er legte seine Hände auf meinen Nacken, zog sie dann zurück und strich sich übers Kinn.

Ich merkte, dass er verblüfft war, wusste aber nicht, was er sah.

Gleichzeitig fragten wir einander, was da vor sich ging.

Dain antworte als erster.

"Hmm, du bist anders?"

Ich dachte: "Klar, hallo?" Aber ich fragte ihn, was er meinte. Dann ließ er die Bombe platzen.

Er sagte: "Nun, du scheinst völlig anders zu sein, ich meine komplett anders, wie eine neue Person. Bist du ein neues Wesen?"

Ich dachte, er meinte das metaphorisch und sagte, ich fühlte mich wie ein neuer Mensch.

Was er aber meinte, war, ob ich buchstäblich ein neuer Mensch war. War das Wesen, das ich war, gegangen und war ein neuer Bewohner oder Mieter in diesem Körper? Dies sickerte langsam durch die Schichten an Spekulation und Ungläubigkeit hindurch und ganz plötzlich erschien alles sehr viel schlüssiger. Ich verstand, warum ich nicht heraus bekommen konnte, was mein Körper wollte oder wie einfache Dinge wie Zähneputzen funktionierten. Zugegebenermaßen erinnerte sich der Körper an die meisten Dinge, die nötig waren. Ich musste nur mit dem Körper zum ersten Mal eine Verbindung herstellen. Ich fühlte mich wirklich wie ein Neugeborenes mit diesem seltsamen, großen Körper.

Was Dain da fragte, schien fast zu unglaublich zu sein, um es zu glauben, aber gleichzeitig fühlte es sich zutreffend an. Sobald all das langsam wirklich in mein Bewusstsein sickerte, nahm ich Shannon Nr. 1 wahr, wie ich sie gerne nenne, die neben dem Tisch stand, auf dem ich lag. Sie schaute mich an und bat mich um Erlaubnis zu gehen. Dain und ich brachen in Tränen aus. Ich weiß, dass einige Dinge in diesem Buch sehr seltsam gewesen sind und diese Geschichte ist nicht weniger seltsam, vielleicht sogar ein wenig seltsamer als der Rest.

Ich würde denken, dass ich wegen der Erfahrungen, die ich beschrieben habe, in die Klapsmühle gehörte, hätte ich durch sie nicht auch gigantische Veränderungen in meinem Bewusstsein erfahren und empfangen.

Ich konnte das Wesen, das vorher diesen Körper bewohnt hatte, neben mir stehen sehen. Ich konnte sicher sagen, dass sie nicht ich war. Sie fühlte sich anders an als ich. Sie war trauriger, aber sie war auch erleichtert zu gehen. Sie sagte, sie habe auf mich gewartet, seit dieser Körper 14 Jahre alt war, aber wie es die Umstände wollten, sei die Zeit noch nicht gekommen gewesen — bis jetzt. Sie fragte mich, ob ich mich bitte um ihre Mutter kümmern würde. Ich fand das zutiefst anrührend und auch ein wenig seltsam. War Mutter jetzt nicht mehr meine Mutter?

Es war, als ob noch einmal ein gigantisches Gewicht von mir genommen würde. Ganz plötzlich erschien alles heller und klarer, als ob alles strahlend und einfach sei.

Die Tränen der Dankbarkeit und Veränderung waren unbeherrschbar. Ich sagte Shannon Nr. 1, sie könne gehen und ich sei bereit, das Zepter zu übernehmen. Sie hatte versucht, diese Unterhaltung mit mir zu führen, seit ich im Dreck in Gidgegannup in Westaustralien mein Bewusstsein erlangt hatte, aber ich hatte einfach nicht bemerkt oder verstanden, was da vor sich ging. Es hilft, magische, seltsame Freunde zu haben, die einem dabei helfen, jene Dinge zu sehen, die man selbst nicht mitbekommt.

Sobald Shannon Nr. 1 den Raum verließ, brach ein Lichtstrahl in mir hervor. Es war als ob eine dunkle Wolke, der ich nie hatte entfliehen können, endlich von irgendwo tief in mir drin entfernt würde.

In den Wochen nach dem Sturz erlebten ich und alle um mich herum eine leichtere, strahlendere, freundlichere Shannon. Shannon Nr. 1 wurde von einer Art Dämonen gequält, Dämonen, die sie in ihrer Kindheit aus vielerlei Gründen und in ihrer Teenagerzeit mit all den Drogen hinein geholt hatte. Es war, als ob sie mir einen Platz freigehalten hätte. Einen Ort, an den sie all die Verrücktheit und den Missbrauch, die manche beim Aufwachsen in dieser Welt erfahren können, einlud und sich vornahm. Die Dämonen gingen zur gleichen Zeit wie sie. Was blieb, war ich, ein Wesen mit mehr Offenheit gegenüber mehr Möglichkeiten.

Der Sturz vom Pferd war bisher die transformierendste Erfahrung meines ganzen Lebens. Große, scheinbar unveränderliche Bereiche meiner Persönlichkeit und meines Verhaltens waren verschwunden. Bereiche meines Lebens oder des Lebens der vorherigen Bewohnerin, die große Probleme dargestellt hatten, waren nun gelöst, und die Erleichterung, die ich empfand, war enorm. Ich scherzte in der Woche nach dem Unfall mit Gary, die Leute müssten nur eine Kopfverletzung erleiden, um sich zu verändern, und sie würden als jemand anderes wieder aufwachen.

Er lachte dann und sagte: "Alles was man über das Leben wissen muss, kann man auf dem Rücken eines Pferdes erlernen." Oder indem man vom Rücken eines Pferdes herunter fällt, zumindest in meinem Fall!

Teil Drei

Lernen

In der Highschool belegt man Algebra und nicht etwa

"Einführung in das Verstehen übersinnlicher Energien und das

Kommunizieren mit den Entitäten".

~ Shannon O'Hara ~

Mitschrift des Kurses "Mit den Entitäten kommunizieren" in Australien im Jahr 2008

Shannon: In diesem Kurs wird es darum gehen, euch dabei zu unterstützen, eure eigenen Fähigkeiten mit den Entitäten zu erkennen. Entitäten können ein großer Beitrag für uns sein, wenn wir bereit sind, dies anzunehmen. Bitte seid euch dessen bewusst, dass hier Sachen möglich und zugänglich sind, an die ihr noch nie zuvor gedacht habt.

Ich möchte gerne, dass Ihr Fragen stellt, denn die Fragen werden die Richtung des Kurses bestimmen. Wenn ihr bereit seid, mit eurem Bewusstsein auf eine kraftvolle Ebene zu gehen, können wir wirklich Spaß haben.

Der große Bereich der Entitäten hat mich dazu gezwungen, meine Wahrnehmungsfähigkeit zu erweitern, da es so undefinierbar ist. Es ist so anders als diese Realität. Es läuft nicht über Zeit, es ist nicht linear und jede einzelne Wesenheit ist absolut einzigartig. Die Geschichte und die magnetische Prägung jeder Wesenheit sind einzigartig. Es ist jedes Mal anders.

Hier kann man nie auf Autopilot schalten. Es gibt keine lineare Reihenfolge, die man verwenden kann, keine Formel, die immer bei allen Entitäten funktioniert. Es ist jedes Mal anders, also kann die Fähigkeit und die Bereitschaft, das anzuschauen, was ist und nicht das, von dem ihr glaubt, dass ihr es sehen solltet, einige sehr coole Türen öffnen.

Was sind also Entitäten? Eine Wesenheit ist eine Energie, die in einer Identität, einer Zeit oder einem Ort fest steckt. Wenn ihr also sagt: "Ich bin der und der" oder "Ich bin ein weibliches Wesen" oder "Ich bin so und so viel Jahre alt" oder "Ich bin menschlich", erschafft Ihr eine Definition und Identität. Und durch diese Identität legt ihr buchstäblich eine energetische, magnetische Blaupause fest, die eine einzigartige Wesenheit detailliert ausgestaltet, die sogar dann als das definierte "Ich" besteht, wenn euer Körper stirbt — bis ihr etwas anderes wählt.

Die Wahl ist tatsächlich der Schlüssel, von dem die meisten Menschen — verkörpert oder nicht verkörpert — nicht wissen, dass sie ihn haben.

Frage: Also willst du uns sagen, dass selbst wenn unser Körper stirbt, die Wesenheit hier in dieser Realität bleibt, solange sie keine andere Wahl trifft?

Shannon: Ja, nicht immer, aber ja. Und das ist noch so ein Aspekt: Jedes Mal, wenn dein Körper stirbt, bringst du die magnetische Prägung oder Blaupause von dem mit, was du gewusst und getan hast, was du warst und gedacht hast. Also bestehst du als Wesenheit fort, aber nicht mit diesem Körper, den du derzeit wahrnimmst.

Frage: Siehst du Entitäten?

Shannon: Ja.

Frage (derselbe TeilnehmerIn): Was würde es brauchen, damit ich Entitäten sehe?

Shannon: Siehst du manchmal aus dem Augenwinkel, wie sich etwas bewegt und dann ist da nichts?

TeilnehmerIn: Ja.

Shannon: Das ist eine Wesenheit. Also ist der erste Schritt, um Entitäten zu sehen und sich ihrer gewahr zu sein, dies anzuerkennen — jedes Mal, wenn du es tust, und auch jedes Mal, als es passiert ist und du es mit einem "Oh, da war nichts" abgetan hast. Es geht darum, das anzuerkennen, was du tatsächlich mitbekommst, auch wenn es nicht logisch erscheint.

Bist du jemals in einen Raum gekommen und hast gedacht: "Oooooh, das ist gruselig" oder "Ich will hier sofort raus"? Jedes Mal, wenn du dies anerkennst, werden deine Wahrnehmungen und Fähigkeiten stärker. Jedes Mal, wenn du sie ignorierst, leugnest, in Widerstand zu ihnen gehst oder sie ablehnst, nehmen sie ab. Noch etwas, was einem dabei in die Quere kommt, Entitäten wahrzunehmen und Beziehungen mit ihnen zu haben, sind die Projektionen und Erwartungen gegenüber den Entitäten und natürlich die Angst.

Angst ist ein ganz großes Thema und hoffentlich können die Leute anfangen, mehr Gewahrsein und Frieden mit den Entitäten zu haben, sobald sie anfangen, informierter darüber zu sein, wie die Welt der Entitäten wirklich ist und aufhören, das abzukaufen, was sie in Büchern lesen und in Filmen sehen. Ihr neigt alle dazu zu erwarten, dass sich die Entitäten auf eine bestimmte Art zeigen, und es ist genau diese Erwartung, die euch daran hindert, wirklich wahrnehmen zu können, was da ist.

Sie alle sind zu erwarten zu zeigen eine bestimmte Weise, und es ist diese Hoffnung, die verhindert, dass sie in der Lage, tatsächlich wahrnehmen, was da ist.

Die Leute können anfangen, ihre Projektionen, Erwartungen und Ängste gegenüber Entitäten zu ändern, indem sie alles zerstören und ungeschehen machen, was sie von anderen zu dem Thema abgekauft haben. Alles zurück an den Absender—und wenn das lange genug gemacht wird, bekommt man hoffentlich ein Gespür dafür, wie die eigene Realität in Bezug auf die ganze Sache aussieht.

Überall wo ihr beschlossen habt, wie Entitäten auszusehen und zu sein haben, werdet ihr all das zerstören und ungeschehen machen? Ändert all das, lasst es sich zeigen, wie auch immer es sich zeigen möchte und nicht wie es eurer Erwartung und eurem Urteil nach sein sollte.

Was bedeutet es also für euch, Entitäten zu sehen? Denn es ist die Bedeutung in Bezug auf Entitäten, die ihr mit der Zeit erschaffen und abgekauft habt, die euch in bestimmten Ansichten festhält und die es euch so schwer macht zu sehen, wie es ist, und nicht zu "denken", wie es sein sollte.

Antwort: Ich denke, Entitäten bedeuten eine Verantwortung, Hokuspokus, Geistererscheinung.

Geister! Verlorene Seelen! Feststecken!

Shannon: Ja, ist das nicht interessant? In Wirklichkeit sind Entitäten genau wie wir! Es geht darum, sich der verschiedenen Energien bewusst zu werden, damit Ihr wahrnehmen könnt, was da ist, und nicht was Ihr "denkt", dass da ist. Was würde es hierzu brauchen? Die Leute neigen dazu, von der Ansicht aus zu funktionieren, Entitäten seien große, Angst einflößende Wesen, die es auf einen abgesehen haben und bestimmt seien alle böse. Das stimmt einfach nicht.

Frage: Habe ich Entitäten, die mich in meinem Leben zurück halten?

Shannon: Ha-ha-ha, ja, die Leute schieben gerne den Entitäten für eine Menge Dinge die Schuld zu. Also ganz ehrlich, gibt es eine Wesenheit, die dich in deinem Leben zurück hält oder hast du eigentlich ein Wesen, das dir mit deinem Körper helfen möchte?

Antwort: Oha! Nun, die Frage mit "mir mit meinen Körper helfen" hat sich stimmiger angefühlt. Das ist lustig, ich habe es noch nie so betrachtet. Was würde es brauchen, damit ich darauf höre?

Shannon: Eine bessere Frage wäre vielleicht: "Was würde es brauchen, um mehr zu empfangen?" Denn indem du mehr empfängst, wirst du in der Lage sein, das mitzubekommen, was es dir gibt.

Wessen bist du dir also gewahr gewesen in deinem Körper? Bitte jetzt — und das könnt Ihr alle machen — die Entitäten, die hier sind, um deinen Körper zu facilitieren (*Anm. d. Ü.: unterstützen, ihm etwas ermöglichen*), dir eine Wahrnehmung zu schenken, der du nicht entgehen kannst. Also, was nimmst du wahr?

Antwort: Einen Druck in meinem Kopf.

Shannon: Also bitte jetzt die Entitäten, die hier sind, um Gesundheit und Bewusstsein in deinem Körper zu erleichtern, dir eine Wahrnehmung zu schenken, die du nicht verfehlen kannst. Was nimmst du also jetzt wahr?

Antwort: Das ist kein Druck; es fühlt sich viel leichter an! Ja Mensch, es kribbelt in meinem ganzen Körper.

Shannon: Auf diese Art fängt man an, seine Empfänglichkeit für sie und ihre Anwesenheit zu entwickeln. Dein Körper ist bereiter, bewusst zu sein als du selbst, also kann er Informationen und Empfindungen wahrnehmen, die dich zu einem größeren Bewusstsein mit Geistern führen können. Dein Körper ist ein großer Empfänger für Entitäten. Dein Körper kommuniziert die ganze Zeit mit dir, um dir Informationen darüber zu geben, was energetisch um dich herum passiert, die du möglicherweise nicht mitbekommst. Aber die meisten Menschen machen den Fehler, einfach zu sagen: "Oh, mir ist wirklich heiß" oder "Oh, mein Kopf tut weh".

Dies kann die Art sein, auf die dein Körper dir mitteilt, dass da eine Wesenheit ist. Es kann sich auch auf so viele andere Arten zeigen wie Husten, ein Kribbeln in den Händen oder Füßen, Gänsehaut und so weiter.

Frage: Wenn ich zu einer Beerdigung gehe, weine und schluchze ich unkontrolliert und es kann wirklich jeder sein, das ist ganz egal. Was ist das?

Shannon: Wie viel nimmst du von allen anderen auf, was sie nicht zum Ausdruck bringen? Das wäre ein klassischer Fall von "Zu wem gehört das?".

TeilnehmerIn: Ich würde sehr gerne Entitäten spüren oder wahrnehmen, aber ich spüre nichts und nehme nichts wahr.

Shannon: Du musst damit anfangen anzuerkennen, was du DOCH wahrnimmst und wie es sich für dich zeigt, wie zum Beispiel die Empfindungen in deinem Körper. Das Kommunizieren mit den Entitäten kann sehr subtil sein und es geht darum, über deine fünf Sinne hinaus zu wachsen. Das wird bei jedem anders sein, also gibt es wiederum nicht nur einen richtigen Weg. Es geht darum, dein Vertrauen in dich selbst zu entwickeln und um die Bereitschaft, dies zu wollen.

Es geht darum, aus dem heraus zu treten, von dem du bereits beschlossen hast, dass es real und wahr ist, und die Art, auf die du wahrnimmst, und was du bereit bist wahrzunehmen, zu ändern.

Frage: Was sind dann all diese Zweifel, die bei mir hochkommen?

Shannon: Zweifel sind immer ein Ablenkungsimplantat *(Anm. d. Ü.: nach Access Consciousness Gefühle und Konzepte wie Wut, Scham, Schuld, Liebe, usw., die dich davon abhalten, du selbst zu sein und dir deine freie Wahl nehmen)*, das dazu angelegt wurde, dich davon abzulenken, was darunter oder dahinter vorgeht. Angst ist auch eine Ablenkung. Ablenkungsfaktoren halten dich davon ab, das anzuschauen, was für dich wirklich ist. Zweifel sind niemals wahr. Du kannst dich fragen, was unter dem Zweifel oder der Angst steckt.

TeilnehmerIn: Ja, ich spüre eine Fähigkeit oder etwas, von dem ich mir nicht sicher bin, wie ich damit umgehen kann.

Shannon: Okay, in vielen Fällen verhindern die Ablenkungsimplantate, dass du deine eigene Macht oder Fähigkeiten siehst. Ist es nicht komisch, wie wir uns vor unseren eigenen Fähigkeiten fürchten? Alles ist das Gegenteil von dem, was es zu sein scheint, und nichts ist das Gegenteil von dem, was es zu sein scheint.

Wenn du nur bereit bist — die Bereitschaft spielt eine große Rolle — wenn du nur bereit bist, über die Angst und Zweifel hinweg zu kommen und sie nicht als echt abzukaufen, kannst du Zugang zu mehr von dir selbst und deinen Fähigkeiten haben. Solange du weiter die Zweifel und die Angst abkaufst, wirst du weiterhin in diesem Bereich beschränkt bleiben.

Eine Sache, die mir sehr interessant scheint, ist, dass die Leute diesen Entitäten so viel Macht geben. Die Leute neigen dazu zu glauben, was sie in Filmen und in Geschichten über Geister sehen und hören. Wisst Ihr, das ist lustig, denn die Entitäten sind genau wie Menschen, sie sind genau wie wir. Manche sind klug, manche nicht. Manche sind sich noch nicht einmal dessen bewusst, dass sie hinüber gewechselt sind.

Frage: Ich weiß, dass ich diese Fähigkeit weggeschlossen habe; ich habe diesen Teil von mir abgetrennt. Geht es nur darum zu wählen?

Shannon: Ja, auf jeden Fall. Die Wahl kommt immer an erster Stelle. Und auch alle deine Entscheidungen, Urteile und Schlussfolgerungen zu zerstören, kann wirklich dabei helfen, all das Zeug aus dem Weg zu räumen, das es dir schwer macht.

Denk bitte auch daran: Bewusstsein ist wie ein Muskel. Jedes Mal, wenn du es entkräftest, ignorierst und leugnest, wird es schwächer. Jedes Mal, wenn du dir sagst: "Oh ja, ich habe das wirklich wahrgenommen!", erkennst du es an und durch diese Anerkennung wird es stärker. Vielleicht verstehst du nicht kognitiv, was du mitbekommen hast oder hast keinen Ort, um es zu verstehen, aber sobald du anerkennst, da ist etwas passiert oder passiert etwas, wird es leichter. Natürlich hilft es auch, darum zu bitten, es möge einfacher sein, anstatt ständig zu bekräftigen, dass es schwierig und Angst einflößend ist.

Frage: Manchmal höre ich im Schlaf, wie mich jemand ruft. Das ist so deutlich, dass ich aufstehe, weil ich denke, das sei mein Freund und ich käme zu spät zur Arbeit oder so. Ich laufe dann aus dem Schlafzimmer und mein Freund ist schon weg und niemand ist da. Ich könnte schwören, ich habe meinen Namen ganz deutlich rufen hören.

Shannon: War das seine Stimme oder hast du angenommen, es sei seine Stimme?

Antwort: Nein, ich habe angenommen, es sei seine Stimme, aber sie war es nicht. Das ist mir schon so häufig passiert.

Shannon: Passiert dir das in jedem Haus, in dem du wohnst?

Antwort: Ich glaube eigentlich ja, aber mir scheint, das ist vor allem in dem Haus passiert, in dem wir jetzt wohnen. Als ich einmal zu meinem Auto ging, fühlte es sich an, als ob mich jemand in den Arm zwickt.

Shannon: Ja, sich selbst beim Namen rufen zu hören, ist in der Tat sehr viel gewöhnlicher, als man annehmen sollte. Der Grund, warum das bei dir im frühen Morgenschlaf passiert, liegt wahrscheinlich darin, dass du zu dieser Tageszeit entspannter und empfänglicher bist als zu jeder anderen Tageszeit. Das ist der Zeitpunkt, zu dem sie bei dir durchkommen können. Wenn es also wieder passiert, kannst du loslegen und mit ihr oder ihm sprechen. Du musst am Anfang nur sagen: "Hey, was ist los? Könnt Ihr (die Entitäten) mir das einfacher machen, denn ich kriege nicht mit, was Ihr hier macht oder zu mir sagt, und ich kann euch im Moment nicht sehr gut wahrnehmen."

Antwort: Danke.

Frage: Können sie an ein Haus gebunden sein und wollen, dass man das Haus verlässt?

Shannon: Absolut. Entitäten können genau wie wir Standpunkte einnehmen wie: "Das ist mein Haus, mein Mann, meine Frau, oder mein Haustier." Manchmal hast du vielleicht dieses unerklärliche Gefühl, als ob du von dem Haus weglaufen müsstest, und manchmal kriegst du nur die Schwingung mit. Verfolgte Häuser gibt es superhäufig. Es wäre nicht meine erste Wahl, nach meinem Tod für alle Ewigkeit in einem Haus herum zu hängen, aber jedem das Seine.

Antwort: Nun, ich glaube, da ist ein Gespenst oder Geist in meinem Haus und er hat einmal einen sehr unheimlichen Laut gemacht. Ein anderes Mal dachte ich, er versucht, mir und meinem

Bruder etwas anzutun, also sagte ich ihm, er solle sich verpissen, und ich weiß, dass ich mehr Macht habe als er.

Shannon: Ich würde nicht zwangsläufig annehmen, dass es in allen Fällen effektiv ist, ihm zu sagen, er solle sich verpissen, oder davon ausgehen, dass du mehr Macht hast. Echte Macht ist die Bereitschaft, sich zu verändern. Was hättest du in dieser Situation ändern können, das zu einem anderen Ergebnis geführt hätte? Wenn du bereit bist, ihn einfach ohne Beurteilungen und Ansichten zu sehen, umso mehr Macht wirst du haben, einige Veränderung herbeizuführen. Viele Leute verstecken sich gerne und sagen sich selbst: "Ich will das nicht sehen" oder "Ich will mich damit nicht auseinandersetzen". Wer hat denn dann die Macht? Du oder das Ding, das du versuchst, nicht anzuschauen?

Du hast ihm durch deine mangelnde Bereitschaft, ihn zu empfangen, die Macht übergeben.

Und denke daran: Gehen alle Leute weg, wenn du ihnen sagst, sie sollen sich verpissen oder werden einige immer noch bleiben? Es ist dasselbe mit Entitäten.

Antwort: Nun, es scheint als ob es etwas bedeutete, wenn ich sie sähe und in meinem Leben hätte und dass das mein Leben verändern würde.

Shannon: Nun ja, das stimmt. Es würde dein Leben verändern. Bist du dir dessen bewusst, was es verändern würde?

Antwort: Ja, ich müsste auf jeden Fall die Dinge auf eine andere Art betrachten.

Shannon: Cool, wie kann es noch besser werden? Denke daran: Es sind die Bedeutung und häufig die Lügen, die wir diesen Entitäten beimessen und anhängen, die die ganzen Schwierigkeiten erschaffen. Die Kommunikation mit den Entitäten muss weder eine große Angelegenheit noch schwierig oder Angst einflößend sein.

Es gibt eine Menge Wesen da draußen. Das können Familienmitglieder oder Freunde sein, die nur „Hallo" sagen und sich vielleicht ein letztes Mal verabschieden möchten, bevor sie gehen.

Ich beschreibe ein Beispiel davon in der Geschichte "Besuch von einer alten Familienfreundin", in der Mary, eine alte Freundin der Familie, nach ihrem Tod zu mir kam, um sich zu verabschieden. Hätte ich mich ihr gegenüber gesperrt, wäre es schwieriger für sie gewesen, zu mir durchzudringen.

Genau das tun Leute mit Entitäten. Sie sperren sich ihnen gegenüber, weil sie glauben, sie seien alle böse. Durch meine Bereitschaft, sie zu empfangen, obwohl ich am Anfang Angst hatte, war da eine Freundlichkeit und Fürsorge, die wir beide teilten.

Frage: Und gibt es ein Ziel mit den Entitäten, denn mir wurde beigebracht, Entitäten auszuräumen?

Shannon: Nun ja, sie zu klären kann gut sein und manchmal ist es angemessener, mit ihnen zu sprechen. Für mich läuft es einfach darauf hinaus, sich dessen bewusst zu sein, was in jeder einzelnen Situation nötig ist. Das Klären von Entitäten kann eine große Veränderung und Verschiebung in der Energie bewirken. Und was das Ziel angeht, kann ich dir nur sagen, was mein Ziel mit den Entitäten ist.

Antwort: Ja, was ist das?

Shannon: Vollkommenes Bewusstsein zu haben — und ich bin immer noch dabei zu entdecken, wie das aussieht.

Frage: Mir kommt es vor, als ob ich meistens nur versuche, sie dazu zu bringen zu gehen.

Shannon: Wie sehr versuchst du, alle deine Probleme verschwinden zu lassen, anstatt sie dir anzuschauen? Funktioniert das normalerweise? Oder musst du normalerweise etwas anschauen, um an dem Problem, mit dem du zu tun hast, etwas zu ändern? Was, wenn es kein Problem gibt? Was wäre, wenn es nichts gäbe, das du loswerden müsstest?

Frage: Also geht es nicht immer darum, Entitäten klären zu müssen, sondern auch darum, sich dessen bewusst zu sein, dass sie da sind?

Shannon: Ja.

Frage: Ich erinnere mich an einen Kurs, den du etwa vor einem Jahr gehalten hast. Da war diese Dame, die versuchte, ihren Verwandten zu klären, und dieser Verwandte wurde wirklich sauer!

Shannon: Oh ja, genau, ich glaube, es war ihr Großvater oder ihre Großmutter und er oder sie hatte die Ansicht: "Warum versuchst du, mich dazu zu bringen wegzugehen?" Das war eine wirklich gute Illustration zu dem, wovon ich spreche. Wenn ich mich recht erinnere, hatte die Frau, die in dem Kurs war, um Hilfe bei etwas in ihrem Leben gebeten und offensichtlich war diese Großmutter oder dieser Großvater gekommen, um ihr bei dem zu helfen, worum sie gebeten hatte. Die Dame verstand es nicht und versuchte weiterhin, die Großmutter oder den Großvater zu klären, anstatt das Geschenk dieser Hilfe anzunehmen.

Frage: Also müssen wir uns im Grunde bewusst werden, wann wir sie klären und wann wir sie empfangen sollten?

Shannon: Ja. Klären ist gut und Kommunikation ist gut. Es kommt nur darauf an, sich bewusst zu sein, was gerade nötig ist.

Frage: Ich habe viele Entitäten, die in mich hinein kommen, und wenn ich sie frage, ob sie hier sind, um mich bei etwas zu facilitieren, bekomme ich diese ganze Energie.

Shannon: Das ist genau das, wovon ich spreche. Also lass mich dich etwas fragen. Bist du ein Channel?

Schweigen.

Shannon: Das wäre eine Ja-oder-Nein-Frage. Ihr anderen, was meint Ihr?

Kurs: Ja!

Shannon: Also, bist du dir dessen bewusst?

Frage: Ja?

Shannon: Also, in einem gewissen Maße bist du dir dessen bewusst, denn du siehst gerade völlig anders aus als sonst und da ist eine Anwesenheit in deinen Augen, die nicht du bist. Und du hast gerade gesagt, Entitäten kommen in deinen Körper. Ich würde vorschlagen zu erforschen, was das für dich bedeutet. Ich weiß, das kann sehr beängstigend erscheinen, aber du musst alle Werkzeuge und Schlüssel haben, damit es für dich funktioniert, ansonsten hättest du nicht die Fähigkeit.

Ich glaube, für Menschen wie dich mit Fähigkeiten wie den deinen, die Channels sind, ist es sehr wichtig, zunächst anzuerkennen, dass das passiert, und dann als zweites zu lernen, wie du deine Fähigkeiten nutzen kannst. Es gibt da draußen viele Menschen, die wirklich herausragende Fähigkeiten mit den Entitäten haben und sich nicht bewusst sind, dass genau das mit ihnen passiert. Das kann sich in vielen Verhaltens-Störungen wie Schizophrenie, bipolarer Störung, Depression, Selbstmordneigungen, multipler Persönlichkeitsstörung, Zwangsstörung (OCD), Aufmerksamkeitsdefizitstörung (ADD) und sogar Autismus manifestieren. Autismus ist ein richtiges Thema für sich, auf das ich jetzt nicht eingehen möchte. Aber diejenigen, die Autismus haben, sind sich nicht nur der Entitäten sehr stark gewahr, sie haben auch sehr ausgeprägte übersinnliche Fähigkeiten. Was, wenn sie die Evolution unserer Spezies zu einer höheren Form von Bewusstsein sind? Was, wenn sie hochpräzise übersinnliche Fähigkeiten haben und nicht sogenannte psychische Störungen?

Schizophrene haben es mit multiplen Entitäten zu tun. Sie sind nicht verrückt und es ist nicht so, dass mit ihnen etwas nicht stimmt. Tatsächlich sind sie in gewisser Weise sensationell. Menschen mit Autismus sind nicht zurück geblieben. Sie sind einfach übersinnlich so fortgeschritten, dass sie sich nicht daran anpassen können, wie langsam und dicht die Dinge hier sind.

Was können diese Menschen der Welt beibringen und über eine andere Funktionsweise zeigen, die so viel mehr wäre als das, was wir derzeit zur Verfügung haben? Ist es nicht komisch, wie man diese Fähigkeiten mit den Entitäten haben kann und sich dessen noch nicht einmal bewusst ist? Nun, ich finde das lustig. Du findest das wahrscheinlich eher frustrierend und seltsam.

Je mehr du bereit bist, energetisch an die ganze Sache heran zu gehen, was bedeutet, dass es nicht logisch und fest sein muss, umso leichter wird es sein. Mit den Entitäten zu reden, kann sich auf so vielfältige Weise zeigen. Der größte Fehler, den ich die Leute machen sehe, ist anzunehmen, die Kommunikation mit den Entitäten wäre wie mit verkörperten Leuten zu sprechen. Das kann manchmal so kommen, aber ich würde sagen, dies ist die ungewöhnlichste Spielart. Meistens wird es nicht wie die Wahrnehmung einer verbalen Kommunikation sein, sondern eher wie ein Download. Es kann blitzschnell gehen; plötzlich hat man alle Informationen. Es ist sehr viel schneller, als wie wir in dieser Realität kommunizieren. Deswegen denken die meisten Leute, sie bekämen es nicht mit. Es ist nicht so, dass du es nicht mitbekommst, es ist einfach so, dass es wirklich schnell geht.

Antwort: Genau das ist es. Ich bekomme nie irgendwelche Wörter mit.

Shannon: Nun, ist es so, dass du nie irgendwelche Wörter mitbekommst, oder dass es auf eine Weise durchkommt, die dir nicht vertraut ist?

Antwort: Gut, wie fange ich damit an zu verstehen, was ich mitbekomme?

Shannon: Nun, es geht in erster Linie darum, dir selbst zu vertrauen und wie ich gesagt habe, je mehr du das tust, desto einfacher wird es. In meinem Fall weiß ich: Wenn sie versuchen, mir etwas zu übermitteln, lassen sie mich ihre Gefühle spüren oder übermitteln mir einen Geschmack oder Geruch. Es gibt so viele verschiedene Arten, wie das alles in Erscheinung treten kann. Es geht wirklich nur darum anzufangen anzuerkennen, was diese Dinge sind, wenn sie durchkommen. Die Art, wie es ankommt, hat auch mit der Wesenheit zu tun, die es übermittelt. Manche von ihnen sind gut im Kommunizieren und manche nicht, genau wie wir.

Frage: Was passiert mit Entitäten, wenn sie nicht um uns herum sind? Wo hängen sie ab? Wo ist Entitäten-Land?

Shannon: Oooooh, das ist eine umfangreiche Frage, von der ich mir nicht sicher bin, ob ich sie ehrlich und komplett beantworten kann. Die Schwierigkeit wahrzunehmen, wie ihre Welt aussieht, besteht darin, dass sie nicht über dieselbe Art von Zeit und Raumrealität verfügt, die wir hier haben. Also stell dir nur einen Moment vor, wie unsere Welt sein, aussehen und sich anfühlen würde, wenn wir nicht unsere Zeit hätten, wie wir sie kennen, wenn also die Dinge nicht nacheinander in der Zeit, sondern alle auf einmal passierten. Und dann stell dir noch vor, die Art, in der du mit dem

Raum in Beziehung stehst, wäre vollkommen anders, oder es gäbe gar keinen Raum, so dass dein Verhältnis zu den Dingen im Raum anders wäre. Du hättest keine messbare Distanz mehr zwischen dir und allem anderen. Es gäbe kein oben und unten, rechts und links, da wäre nur undefinierbarer Raum. Wenn du annähernd wahrnehmen kannst, wie das ist, würdest du sozusagen annähernd wahrnehmen, wo sie sind und wie es für sie ist.

Antwort: Okay, das ist ziemlich unvorstellbar. (Lachen)

Frage: Mein Therapeut ist letztes Jahr gestorben und ich war traurig, als er starb. Bedeutet meine Traurigkeit, ich versuche ihn auszublenden?

Shannon: Okay, gute Frage. Lass uns gleich voll da reingehen, ja? Denn er ist gerade hier. Möchtest du gerne mit ihm sprechen?

Antwort: Hmmm ja, ich glaube schon.

Shannon: Gut, ich gebe dir einige Werkzeuge, damit du das jetzt hier mit mir machen kannst – und auch alleine. Lass uns damit anfangen, ihn zu bitten, deine Hand zu halten. Ich möchte gerne, dass du ihn anschaust und dir dessen bewusst bist, was er mitteilt.

Antwort: Gut, in Ordnung. Ich fühle mich leichter.

Shannon: Würdest du ihn bitte mehr anschauen und zulassen, dass er jetzt hier für dich da ist, genau wie damals?

Antwort: Ja.

Shannon: Die große, irrige Vorstellung hier besteht darin, jemand sei, sobald er gestorben ist, für immer und ewig weg, für immer verschwunden, tschüss auf Nimmerwiedersehen. Das stimmt einfach nicht. Um ganz ehrlich zu sein, bedeutet es sehr wenig, dass sein Körper gestorben ist. Er ist immer noch hier und in diesem Fall ist er immer noch sehr gut dazu in der Lage, für dich da zu sein, so wie er es zu seinen Lebzeiten war. Du musst nur in der Lage sein, auf eine andere Art zu empfangen. Er ist nicht etwa "tschüss, für immer gegangen", er ist direkt mit uns allen hier im Raum und hält deine Hand. Und durch die Energie, die du jetzt langsam ausstrahlst, wäre dies das erste Mal seit seinem Tod, dass du wirklich von ihm empfangen hast. Wie fühlt sich das für dich an?

Antwort: Unglaublich, ich habe noch nie so etwas gespürt. Es fühlt sich an, als ob warme Schauder über meinen ganzen Körper gehen, und alles wird leichter und leichter.

Shannon: Schön, mach damit weiter. Nachdem du jetzt eine Vorstellung davon hast, wie du mit ihm auf eine Wellenlänge kommst, kannst du damit herum spielen, die Verbindung so stark zu machen, wie du möchtest. Ist dir klar, dass er jetzt hier ist?

Antwort: Ja, ich glaube ja.

Shannon: Du hast Glück, er ist ein klares Wesen. Er kann sich sehr gut verständlich machen. Das ist nicht bei allen Entitäten so.

Frage: Ich habe eine Freundin, die sich vor einigen Jahren umgebracht hat. Und ich habe mich für sie gefreut, weil mir schien, sie sei an einem besseren Ort, aber ich wusste, sie war noch nicht gegangen. Ich konnte sie noch immer in der Nähe spüren. Dann wachte ich drei Monate später plötzlich mitten in der Nacht auf und mein Freund drehte sich um und sprach, aber es kam ihre Stimme heraus. Sie nannte mich bei einem Namen, den nur sie benutzt hatte und sagte: "Ich gehe jetzt" und ging. Denkst du, sie ist gegangen?

Shannon: Ja.

Frage: Können wir also Entitäten hier festhalten? Wie mit ihrer Freundin, die sich umgebracht hat? Können wir Entitäten davon abhalten, weiter zu gehen, mit unseren Emotionen und so?

Shannon: Ja und genau das ist mit ihrer Freundin passiert, weil es ein Selbstmord war und jeder die Ansicht einnahm: "Oh, das ist furchtbar!" Wenn jemandes Tod sehr stark dramatisiert wird, kann das dazu führen, dass das Wesen feststeckt und sich über seine Wahlen nicht im Klaren ist.

Frage: Was ist mit Tieren?

Shannon: Ja, wenn man ein Haustier bedeutungsvoll macht, wird es weiter bleiben, weil es deine Bitte hört und diese würdigen möchte. Wenn du möchtest, dass es als dein Haustier zu dir zurück kommt oder wenn du wahrnimmst, dass es zurück kommen und dein Haustier sein möchte, bitte es dies zu tun. Sehr wahrscheinlich wird es das auch, wenn es dich gemocht hat.

Einige von euch werden anfangen, die Dinge anders wahrzunehmen. Wenn Ihr wirklich eure Fähigkeiten beim Wahrnehmen der Entitäten verbessern wollt, könnt Ihr diese Übung machen. Wenn Ihr heute Nacht im Bett seid, entspannt euch einfach. Lasst bewusst eure Barrieren herunter, denn ob sich die Leute dessen bewusst sind oder nicht, sie neigen dazu, Barrieren gegenüber den Entitäten aufzubauen. Senkt bewusst eure Barrieren und fangt an wahrzunehmen, was da draußen ist. Fangt an mit Fragen wie: "Gibt es irgendwelche Entitäten, die mit mir sprechen möchten?" Das Stellen von Fragen erlaubt euch ein Gewahrsein zu bekommen.

Wenn es heute Nacht nicht klappt, versucht es morgen wieder. Wählt eine Zeit, zu der es ruhig ist und Ihr euch hinsetzen und darauf einlassen könnt.

(Zu einem TeilnehmerIn): Du hast das gemacht und was ist dann passiert?

TeilnehmerIn: Lass mich zunächst sagen: Früher hatte ich die Einstellung, alle Entitäten wären Angst einflößend und gegen mich. Als ich tat, was Shannon sagte, war es wirklich erstaunlich!

Ich verstand ihre Namen, ich erkannte, sie waren da, um mich zu unterstützen und hatten mich mein ganzes Leben lang unterstützt. Das änderte meine Sicht auf die Dinge komplett. Ich habe keine Angst mehr vor den Entitäten, tatsächlich bin ich jetzt mehr dazu bereit, diejenigen zu empfangen, die da sind, um mich zu unterstützen. Das ist großartig. Danke, Shannon.

Frage: Ich mache Entitäten-Clearings und es fällt mir schwer wahrzunehmen, ob sie gehen oder nicht.

Shannon: Wenn du die Worte sagst, passiert es. Ich habe einige Zeit gebraucht, um wirklich ein Gespür dafür zu entwickeln. Wenn du also dran bleibst, wird sich das bei dir auch einstellen.

Was mir langsam auffiel bei den Entitäten-Clearings, war, dass ich beispielsweise in einem Zimmer war und sagte: "Vielleicht ist hier etwas, ich will es mal probieren und schauen, wie es funktioniert." Dann machte ich das Clearing und bemerkte, wie ich tief Luft holte. Das war ein Zeichen dafür, dass gerade etwas geschehen war. Fang einfach mit der Frage an: "Was kriege ich hier mit?" Achte auf die feinen Energien.

Frage: Ich habe gerade eine Farm gekauft und manchmal fühlt es sich schwer an und ich frage mich, warum ich sie gekauft habe. Muss ich Entitäten von diesem Anwesen klären?

Shannon: Ja, tue das auf jeden Fall. Du kannst diejenigen, die dir mit dem Anwesen helfen werden, bitten zu bleiben, und alle anderen müssen gehen. Sei gründlich und benutze deine Werkzeuge.

Frage (kleines Kind): Ich habe Angst vor der Dunkelheit in meinem Haus.

Shannon: Hast du vor allen Zimmern in deinem Haus Angst oder nur vor einigen?

Kleines Kind: Am meisten vor dem Flur, der in dieses eine Zimmer führt. Wenn ich in das Zimmer von meinem Bruder gehe, mache ich das Licht an und schaue hinter die Tür und in alle Schränke.

Shannon: Hier gibt es zwei Dinge. Nummer eins: Ja, du nimmst Entitäten und Energien wahr. Die Sache ist, manchmal wirst du immer noch Angst haben. Manchmal habe ich auch noch Angst, aber ich habe gelernt, nicht mein Leben davon bestimmen zu lassen. Manchmal brauchen die Entitäten, vor denen du Angst hast, deine Hilfe. Wärst du also bereit, ihnen zu helfen?

Kleines Kind: Okay.

Shannon: Wenn du anfangen kannst zu fragen, welche Energien da sind, die spielerisch und nett sind, bitte um Spielgefährten. Wäre es nicht toll, wenn du damit Spaß haben könntest, anstatt Angst zu haben? Wärst du also bereit, in deiner Familie der Vorreiter eines größeren Bewusstseins mit den Entitäten zu sein?

Kleines Kind: Hmmm...ja.

Shannon: Also, es geht darum, die Türen für diese Energien zu öffnen. Wir fangen gerade erst damit an und diejenigen von uns, die dies wählen, werden der Anfang eines Bewusstseinswandels auf der Erde sein.

Die Wissenschaft lehrt uns, dass alles im Universum aus Energie und alles aus vibrierenden Molekülen besteht—eure Gedanken, Gefühle, Emotionen und euer Körper.

Beginnt, die Moleküle wahrzunehmen, aus denen alles gemacht ist, und dann beginnt, den Raum zwischen den Molekülen wahrzunehmen.

Ihr seid der Raum zwischen den Molekülen. Und wenn ihr bereit seid, der Raum zwischen den Molekülen zu sein, wird euch klar, dass alles in euch ist. Ihr seid nicht den Dingen ausgeliefert, ihr habt Einfluss auf die Dinge. Alles kann sich verändern, ausgehend von eurer Bereitschaft, ihr selbst zu sein und die Welt zu verändern.

Dann wird sich euch das Bewusstsein des Universums verfügbarer machen. Euer größter Beitrag, den ihr sein könnt, ist euer Bewusstsein. Je bewusster ihr werdet, umso mehr wird dies eine größere Möglichkeit in allem und allen ermächtigen, erwecken, erleuchten und erschaffen. Das Einzige, was hier auf dem Planeten Anti-Bewusstsein schafft, sind die Wahlen, die Menschen treffen.

Okay, da wir jetzt zum Ende des Kurses kommen, möchtet ihr jetzt all den Entitäten, die zu eurer Facilitierung hier sind, all die Energie schenken, die sie brauchen? Danke.

Cool und jetzt trennt euch von ihnen allen, dankt ihnen und sagt ihnen, sie können gehen.

Danke euch allen dafür, dass Ihr heute Abend hier wart und danke, dass Ihr bereit seid, eine andere Möglichkeit mit den Dingen zu haben.

Kurs: Danke, danke, danke.

Information

Mehr über Shannon O'Hara und Access Consciousness
findest du auf folgenden Webseiten:

TalkToTheEntities.com

www.AccessConsciousness.com

Lightning Source UK Ltd.
Milton Keynes UK
UKOW04f0746260816

281546UK00002B/98/P